A CONJURAÇÃO DE CATILINA

copyright   Hedra
edição brasileira©   Hedra 2018
tradução©   Adriano Scatolin
organização©   Adriano Scatolin
colaboração no posfácio   Marlene L. V. Borges

título original   De coniuratione Catilinæ
edição consultada   Ernout–Les Belles Lettres
primeira edição   Primeira edição impressa

edição   Jorge Sallum
coedição   Luis Dolhnikoff
assistência editorial   Luan Maitan e Felipe Musetti
capa   Suzana Salama
imagem da capa   *Busto em mármore de homem romano (Metropolitan Museum of Art)*

ISBN   9788577155279

corpo editorial   Adriano Scatolin,
Antonio Valverde,
Caio Gagliardi,
Jorge Sallum,
Oliver Tolle,
Renato Ambrosio,
Ricardo Musse,
Ricardo Valle,
Silvio Rosa Filho,
Tales Ab'Saber,
Tâmis Parron,

Grafia atualizada segundo o Acordo Ortográfico da Língua
Portuguesa de 1990, em vigor no Brasil desde 2009.

Direitos reservados em língua
portuguesa somente para o Brasil

EDITORA HEDRA LTDA.
R. Fradique Coutinho, 1139 (subsolo)
05416–011, São Paulo–SP, Brasil
Telefone/Fax +55 11 3097 8304

editora@hedra.com.br
www.hedra.com.br

Foi feito o depósito legal.

A CONJURAÇÃO DE CATILINA

Salústio

Adriano Scatolin (*organização e tradução*)

1ª edição

hedra

São Paulo_2018

Gaio Salústio Crispo (86–34), nascido em Amiterno, na Sabina, foi político e historiador. Teve carreira política turbulenta, com enfrentamentos a optimates como Cícero durante seu tribunado, em 52, uma expulsão do Senado, em 50, um processo de extorsão depois de seu governo da África Nova, em 45, no qual foi absolvido, e o risco de nova expulsão do Senado, de que escapou por influência de César, com quem se alinhara durante a guerra civil. Depois dos Idos de Março, retira-se da vida pública e dedica-se à escrita da história de Roma.

A conjuração de Catilina relata o conjunto de eventos que constituíram o malogrado plano de Lúcio Sérgio Catilina (108–62) para se assenhorear do poder em Roma, em 63, ano do consulado de Cícero. Catilina, de família patrícia romana, provavelmente pretor em 68, governador da província da África no intervalo de 67 a 66, tentara por duas vezes eleger-se cônsul, tendo sido derrotado em ambas as ocasiões (64 e 63). Depois do segundo insucesso, urde uma trama elaborada para tomar o poder, que fracassa e termina com sua morte, na batalha dos conjurados contra as forças republicanas, em 62.

Adriano Scatolin é doutor em Letras Clássicas pela Universidade de São Paulo (2009), com pós-doutorado pela Universidade Paris IV Sorbonne (2012–2013). Desde 2003 é Professor da área de Língua e Literatura Latina da Universidade de São Paulo.

Sumário

Introdução, *por Adriano Scatolin e Marlene L.V. Borges*   7

A CONJURAÇÃO DE CATILINA   13

Posfácio: Salústio e a conjuração   87

Introdução

Adriano Scatolin e
Marlene L.V. Borges

A *Conjuração de Catilina* relata o conjunto de eventos que constituíram o malogrado plano de Lúcio Sérgio Catilina (108–62) para se assenhorear do poder em Roma, no ano do consulado de Cícero, 63[1]. Catilina, de família patrícia romana (a antiquíssima *gens Sergia*), provavelmente pretor em 68, governador da província da África como propretor no intervalo de 67 a 66, tentara por duas vezes eleger-se cônsul, sem sucesso (64–63). Candidato ao consulado para o ano de 63, fora derrotado por Cícero e Gaio Antônio. Ao final desse ano, apoiado pela facção dos populares, candidata-se novamente ao mesmo cargo para o ano de 62, mas sofre outra derrota, desta vez para Lúcio Licínio Murena e Décimo Júnio Silano.

---

1. Todas as datas são antes de Cristo, salvo menção em contrário. As abreviações das obras antigas seguem o padrão do *Oxford Latin Dictionary* e do *Greek English Lexicon*, de Liddell & Scott.

Nos últimos meses de 63, reunindo adeptos das mais variadas ordens sociais, decide recorrer à revolta armada para tomar o poder. Enquanto permanece em Roma, organizando o golpe, mantém na Etrúria um exército comandado por seu partidário Mânlio. A intenção de Catilina seria assassinar o cônsul Cícero, incendiar a Cidade e incitar os alóbroges, uma tribo da Gália, a uma revolta contra Roma, para que, na confusão, ficasse mais fácil tomar o poder. A trama chega aos ouvidos de Cícero, que denuncia o teor da conjuração ao Senado e ao povo por meio dos discursos que ficaram conhecidos como *Catilinárias*. No primeiro deles, Cícero desmascara Catilina no Senado e exige que ele se retire de Roma. Provém desse discurso a célebre frase que Cícero dirige ao conspirador: *Quo usque tandem abutere, Catilina, patientia nostra?* ("Até quando, afinal, Catilina, abusarás de nossa paciência?"). Depois desse discurso, Catilina, acuado, foge de Roma e vai juntar-se ao exército de Mânlio na Etrúria. Enquanto isso, Cícero flagra os passos seguintes dos conjurados que Catilina deixara em Roma (Lêntulo, Cetego e outros), passando a ter, a partir de então, provas materiais e testemunhais da conjura. Colocado a par da situação, o Senado determina que se executem cinco dos conjurados que haviam sido capturados em Roma. Um exército comandado pelo outro cônsul, Gaio Antônio, é enviado para enfrentar Catilina. Em fevereiro de 62, em Pistoia, Catilina e suas tropas são aniquilados pelas forças republicanas.

A revolta de Catilina era um tema perfeitamente adequado para Salústio redigir sua monografia histórica. Isto porque fora contemporâneo do episódio — embora os estudiosos acreditem que não se encontrava em Roma na época da conjuração — e conhecera pessoalmente os principais agentes da política naquele tempo. Soma-se a isso o fato de que podia dispor de documentação abundante por tratar-se de fato relativamente recente, ocorrido cerca de 20 anos antes da escrita da obra. O tema da conjuração era também conveniente a Salústio por apresentar a oportunidade de examinar a degeneração moral que acreditava envolver a política e os costumes ao final da República romana. No que tange a esse aspecto, Salústio mostra, por meio do esboço que realiza do caráter de Catilina, que este era a figura ideal para personificar essa degeneração (5.1–8).

Salústio, ao compor a *Conjuração de Catilina*, estrutura a narrativa de modo complexo, rompendo várias vezes a ordem cronológica, intercalando digressões, discursos e retratos ao longo de todo o relato. O esquema que se apresenta a seguir é uma das possibilidades de interpretação do percurso narrativo que o autor realiza[2]:

---

2. Baseamo-nos, aqui, na apresentação de SYME (1964: 60 ss.). Outras possibilidades de divisão são apresentadas por Vretska (1976: 20–21), McGushin (1977: 11–12), Chassignet (1999: xiv–xv), Ramsey (2007: 22–23) e Batstone (2010: 3–7). Embora, na numeração da tradução, adotemos a convenção do texto de base de Ernout (1996), com capítulos em números romanos e seções ou parágrafos em arábicos, usamos apenas estes no esquema a seguir, nas notas à tradução e no posfácio, para maior comodidade visual.

Parte I — Antes do relato da conjuração

a) 1–4: prólogo, em que justifica seu abandono da política para escrever história. b) 5.1–8: esboço do caráter de Catilina. c) 5.9–13.4: digressão sobre o declínio da moralidade pública que teria seguido a vitória sobre Cartago.

Parte II — A conjuração

a) 14–16.3: descrição do caráter dos adeptos de Catilina e ações deste quando jovem; b) 16.4–5: concepção do plano da conjuração. c) 17: reunião de Catilina com seus sequazes em junho de 64 para dar início aos preparativos da conjuração. d) 18–19: retorno cronológico para narrar uma conjuração anterior contra a República, da qual Catilina teria participado. e) 20–31: relato da formação da conjuração, com intercalação, no capítulo 20, do discurso de Catilina a seus adeptos, e, no capítulo 25, do retrato de Semprônia. e) 32: fuga de Catilina para a Etrúria. f) 33–36.3: preparativos da conjuração/ Catilina e Mânlio decretados inimigos públicos pelo Senado. g) 36.4–39.5: digressão sobre as condições políticas em Roma e possíveis causas da conjuração.

Parte III — Descoberta da conjuração

a) 39.6–50.5: as ações da conspiração em Roma, a traição dos alóbroges, a descoberta da conjuração. b) 51 — discurso de César no Senado. c) 52 — discurso de Catão no Senado. d) 53–54: retrato comparativo (síncrise) de César e Catão. e) 55 — execução dos conspiradores em Roma. f) 56–58: Catilina exorta suas tropas à

luta, por meio de um discurso, depois de tomar conhecimento da execução dos companheiros em Roma. g)
59–61: relato da batalha final e da morte de Catilina.

A Conjuração de Catilina

I. 1. A TODOS OS HOMENS QUE anseiam superar os restantes animais, cumpre empenharem-se com o máximo afinco para que não atravessem a vida no silêncio[1], tal como o gado, que a natureza criou curvado e obediente ao ventre. 2. Ora, todo o nosso poder reside na mente[2] e no corpo: da mente, valemo-nos mais para comandar, do corpo, para servir; compartilhamos uma com os deuses, o outro, com as feras. 3. Daí parecer-me mais correto buscar a glória pelos recursos da inteligência[3] do que pelos da força e, uma vez que a própria vida que gozamos é breve, tornar o mais duradoura possível a recordação de nós mesmos. 4. De fato, a glória do dinheiro

---

1. "No silêncio", como tradução de *silentio*, em vez de simplesmente "em silêncio", para tentar passar o duplo sentido do original: "em silêncio", sim, porque não se manifesta, mas também "em meio ao silêncio", porque ninguém fala a seu respeito (ideia explicitada em 2.8). Cf. Woodman (1973) e Baker (1982).

2. *Animus* é termo polissêmico: pode traduzir ψυχή, tendo então o significado de "alma", mas também pode significar "ânimo", "espírito" e "mente". Adotamos esta última opção por dois motivos: para diferenciar de *anima*, que Salústio também usa para traduzir ψυχή (*Cat.* 1.8 e *Jug.* 2.1: "De fato, tal como a raça humana é composta de corpo e alma (*anima*), assim também todas as nossas atividades e aspirações seguem, umas, a natureza do corpo, outras, a da mente (*animus*)"); e o contexto do prefácio da *Conjuração* parece concernir sobretudo ao aspecto do pensamento e da inteligência.

3. *Ingenium*, além de "inteligência", pode significar ainda "engenho", "talento", noções que também parecem presentes no contexto.

e da beleza é fugaz e frágil, a virtude[4] é uma posse brilhante e eterna. 5. Ora, largo tempo disputou-se com ardor entre os mortais[5] se a arte militar teria melhor êxito pela força do corpo ou pelo valor da mente. De fato, é preciso, antes de passar à ação, deliberar e, deliberado, logo agir. Desse modo, ambos, insuficientes por si só, carecem um do auxílio do outro.

II. 1. Então de início os reis — pois tal foi, no mundo, o primeiro nome do poder —, opostos, parte exercitava a inteligência, outros, o corpo; até então a vida dos homens transcorria sem cobiça, a cada um bastava o que era seu[6]. 2. Porém, só depois que Ciro[7], na Ásia, os lacedemônios e os atenienses, na Grécia, passaram a subjugar urbes e gentes, a ter, como pretexto de guerra, o desejo de domínio, a depositar a maior glória na maior potência, é que se notou, pela experiência e pela prática, que, na guerra, sobretudo a inteligência tem poder. 3. É que se o vigor da mente de reis e comandantes tivesse tanta força na paz como na guerra, seriam mais uniformes e constantes as humanas coisas, nem se veria cada

---

4. *Virtus* é a qualidade do *vir*, "varão", podendo significar, além de "virtude", "bravura", "coragem" e, tal como o grego ἀρετή, "excelência". Nossa opção por "virtude" deve-se ao caráter moralizante do prefácio.

5. Ao longo da *Conjuração*, Salústio utiliza poeticamente a forma *mortalis*, "mortal", para falar dos humanos e do que é humano.

6. Do ponto de vista moderno, este retrato idealizado do passado nada tem de histórico. Na economia da obra, entretanto, ele é coerente com a visão de decadência dos costumes que fundamenta o entendimento e a apresentação dos fatos e dos agentes históricos na *Conjuração*.

7. Fundador do Império Persa, que governou de c. 559–530.

uma arrastada para um lado, nem tudo a se mudar e confundir. 4. Pois fácil se mantém um domínio pelos dotes com que foi de início conquistado. 5. Porém, quando acometem, em lugar do labor, a indolência, em lugar da temperança e da equidade, o desejo e a soberba, muda-se com os costumes a fortuna. 6. Assim, o poder sempre passa do menos bom a alguém melhor. 7. O que aos homens vem do arar, navegar, edificar obedece inteiramente à virtude. 8. Mas muitos mortais, entregues ao ventre e ao sono, indoutos e incultos, atravessam a vida tal como viajores. Para eles, em clara oposição à natureza, o corpo é fonte de prazer, a alma, um fardo. Deles eu julgo vida e morte próximas, pois que de ambas se cala. 9. Parece-me viver e desfrutar da vida apenas quem, ocupado com alguma atividade, busca a glória de feito ilustre ou de bom dote[8].

III. 1. Porém, na imensa soma dos acontecimentos, a cada um a natureza mostra o seu caminho. É belo agir bem pela República, mas não destoa o dizer bem. Na paz como na guerra é possível tornar-se ilustre; os que realizaram, os que escreveram as realizações alheias, em grande número se louvam[9]. 2. E a mim, pelo menos, embora seja absolutamente diversa

---

8. A glória que Salústio busca advirá do bom uso de seu engenho, convertido na escrita da *Conjuração*.

9. "Os que realizaram", como os comandantes de guerra; "os que escreveram", como os historiadores que abordaram os feitos de tais comandantes. Exemplos célebres, na época de Salústio, eram os historiadores de Alexandre, o Grande, e Teófanes de Mitilene, historiador de Pompeu Magno. Eles são mencionados conjuntamente por Cícero em *Arch.* 24.

a glória que acompanha o escritor e o realizador dos feitos, parece-me sobremaneira árduo escrever as gestas: primeiro, porque se devem igualar feitos e ditos[10]; em seguida, porque a maioria considera os delitos que se censuram fruto de malevolência e inveja; quando se rememoram o grande valor e a glória dos homens de bem, cada qual recebe com indiferença o que julga fácil fazer, o que lhe está acima, toma por falso, como forjado[11]. 3. Mas eu, ainda bem jovem, de início, tal como a maioria, lancei-me com ardor à vida pública, e enfrentaram-me aí muitas adversidades. Pois imperavam, em lugar do pudor, da integridade, da virtude, a audácia, a largueza, a avidez. 4. Embora meu ânimo, desafeito das más condutas, as desprezasse, em meio a tamanhos vícios minha idade vacilante mantinha-se corrompida pela ambição[12]; 5. e a mim, divergindo embora dos maus costumes dos demais, atormentava-me, pela fama e pela inveja, o mesmo desejo de honra que aos restantes.

---

10. Entenda-se: para feitos ou fatos grandiosos será preciso encontrar palavras e formulações adequadas. Salústio tem em mente o *modus scribendi* do historiador, a elocução decorosa e apta que deverá empregar para fazer jus à grandiosidade do tema.

11. Salústio refere-se aos dois aspectos complementares da história escrita com viés moral: a crítica dos vícios e o louvor das virtudes.

12. Também nos processos judiciais a defesa de um réu, ou, pelo menos, a atenuação de uma admissão de culpa, baseavam-se muitas vezes na pouca idade do acusado. É o que acontece, por exemplo, na defesa que Cícero fez de seu pupilo Marco Célio, em 56. Cf. *Cael.* 11, 75 e 77.

IV. 1. Então, quando meu ânimo teve descanso das muitas misérias e perigos e decidi manter o restante de minha vida longe da vida pública, não quis exaurir meu bom ócio na apatia e na indolência, ou mesmo passar a vida voltado ao cultivo do campo ou à caça, tarefas de escravos[13]; 2. mas, tornando àquele mesmo projeto e estudo de que me apartara a má ambição, decidi minuciar os feitos do povo romano por partes, conforme cada um parecesse digno de recordação[14]; tanto mais que meu ânimo estava livre das expectativas, receios, facções da política[15]. 3. Assim, concisamente[16], descreverei a conjuração de Catilina[17] da maneira mais verídica possível[18], 4. pois considero tal feito sobremaneira memorável pela novidade do crime e do perigo[19]. 5. É

---

13. Ou seja, não querendo ou não podendo mais servir à República pela participação ativa na política, Salústio será útil a ela por meio da escrita da história.

14. "Por partes" indica a adoção da forma da monografia histórica; "cada um" parece apontar para um projeto historiográfico em várias monografias (Salústio comporia apenas mais uma, a *Guerra de Jugurta*); "digno de recordação" é o critério de escolha do tema histórico.

15. Trata-se da tópica da imparcialidade do historiador.

16. "Concisamente" refere-se tanto à adoção da monografia histórica como à elocução do autor, ou seja, sua maneira de escrever.

17. Enunciação do tema e do recorte da monografia, passagem de que os estudiosos também derivam o título da obra.

18. A busca da verdade também era uma tópica tradicional dos prefácios dos historiadores. Ela está intimamente relacionada à imparcialidade do historiador, permitindo-lhe não distorcer os fatos por simpatia ou antipatia pelos agentes históricos.

19. Outra tópica, preceituada nos manuais de retórica para os exórdios dos discursos em geral e adotadas em particular no gênero

preciso que fale umas poucas palavras acerca do caráter desse homem antes que dê início à narração[20].

V. 1. Lúcio Catilina, oriundo de linhagem nobre[21], tinha grande vigor intelectual e físico, mas uma índole perversa e depravada[22]. 2. Desde a adolescência eram-lhe caras as guerras internas, as matanças, as pilhagens, a discórdia civil[23], e nisso ocupou sua juventude[24]. 3. Seu corpo suportava, mais do que se pode crer, a fome, o frio, o sono[25]. 4. Seu ânimo era ousado, astuto, versátil, simulador e dissimulador do que quer que fosse; desejoso do alheio, dissipador do que era seu, ar-

---

histórico, é a da grandiosidade do tema. A finalidade é tornar o leitor atento ao assunto. Cf. *Rhet. Her.* 1.7; Cícero, *Inv.* 1.23.

20. Dado o viés moral da obra, torna-se essencial um retrato do protagonista da trama. O retrato explica e antecipa características de Catilina ao longo da *Conjuração*, como apontaremos em nota.

21. A linhagem da *gens Sergia*, de antiquíssima tradição em Roma.

22. É exatamente assim que Salústio representará Catilina na descrição da batalha final, em 60.4.

23. Alusão à participação de Catilina na guerra civil dos anos 80, na facção sulana, e de seu envolvimento nas proscrições que se seguiram.

24. Ocorre aqui um contraste implícito: enquanto Salústio abandonara as práticas corrompidas, restringindo-as à juventude, para depois buscar a glória na escrita da história, Catilina mantém, quando adulto, a índole que já demonstrara em seus anos mais jovens.

25. Cf. Cícero, *Cat.* 1.26: "Tens aí onde possas ostentar essa tua famosa capacidade em suportar a fome, o frio, a carência de tudo; e em breve perceberás que foi isso que deu cabo de ti"; e 3.16: "podia suportar o frio, a sede e a fome" (referências em Ramsey (2007) *ad locum*; tradução de Pinho (1974)).

dente nas paixões; grande era sua eloquência[26], sua sabedoria, parca. 5. Seu ânimo insaciável sempre desejava o desmedido, o inacreditável, o inatingível. 6. Depois da tirania de Lúcio Sula, assaltara-o um enorme desejo de tomar a República, não medindo os meios para consegui-lo, contanto que obtivesse a monarquia. 7. Agitava-se mais e mais, com os dias, seu ânimo bravio em virtude do esgotamento do patrimônio familiar e do remorso dos crimes, alimentados, um e outro, pelas qualidades a que fiz menção anteriormente. 8. Incitavam-no, de resto, os costumes corrompidos da cidade, que eram movidos por males terríveis e opostos, o luxo e a avidez. 9. Já que a ocasião nos lembrou os costumes da cidade, o próprio tema parece exigir que remontemos ao passado[27] e, breves[28], discutamos as instituições de nossos antepassados na paz e na guerra, de que modo governaram a República e com que extensão a legaram, como, mudando aos poucos, de bela e grandiosa que era, tornou-se extremamente perversa e dissoluta.

VI. 1. A cidade de Roma, segundo a tradição, fundaram e habitaram de início os troianos, que, fugitivos, sob o comando de Eneias, erravam sem morada certa, e, com eles, os aborígines, raça agreste, sem leis, sem

---

26. Como será exemplificado no discurso de Catilina às tropas, antes da batalha final contra as forças do lugar-tenente Marco Petreio (58.1–21).

27. Salústio busca evidenciar que a digressão sobre o passado de Roma que fará em seguida está íntima e adequadamente ligada ao tema em questão, não se tratando de desvio ornamental do assunto.

28. Novamente acena, a um só tempo, para a extensão da digressão e para o seu modo conciso de escrita.

governo, livre e desregrada. 2. Depois que se reuniram dentro de uma única muralha, incrível é mencionar a facilidade com que, malgrado a diversidade de raças, a diferença entre as línguas, vivendo cada qual segundo seu costume, acabaram por se fundir: <assim, breve, uma multidão diversa e errante tornou-se numa cidade[29].>

3. Mas depois que sua cidade cresceu em virtude de seus cidadãos, seus costumes, suas terras, e parecia já bastante próspera, bastante poderosa, tal como se dá na maior parte do que é mortal, da opulência nasceu a inveja. 4. Então os reis e os povos vizinhos os põem à prova com a guerra, poucos, dentre os aliados, vêm-lhes em auxílio, pois os demais, abatidos pelo medo, mantinham-se apartados dos perigos. 5. Porém, os romanos, atentos na paz como na guerra, de pronto agem, preparam-se, encorajam-se uns aos outros, avançam contra os inimigos, defendem a liberdade, a pátria e os pais com suas armas. Depois, quando haviam afastado já os perigos com seu valor, levavam auxílio aos aliados e amigos e forjavam alianças antes concedendo que recebendo benefícios. 6. Tinham um governo legítimo, como nome do governo, a monarquia. Os escolhidos, que tinham o corpo debilitado já pelos anos, o entendi-

---

29. Sérvio Honorato, comentando *A.*, 1.6, aponta a filiação de Salústio às *Origens* de Catão no que concerne ao papel dos aborígenes na história de Roma: "[...] Catão, nas *Origens*, cuja autoridade Salústio segue na *Guerra de Catilina*, afirma o seguinte: 'Originalmente, habitavam a Itália certos homens que eram denominados aborígines. Posteriormente, com a chegada de Eneias, eles se misturaram aos frígios e foram denominados latinos'." (referência em Ramsey (2007) *ad locum.*)

mento saudável pela sabedoria, velavam pela República; esses, fosse pela idade, fosse pela semelhança do encargo, eram denominados "pais"[30]. 7. Depois, quando o governo monárquico, que de início servira para preservar a liberdade e ampliar a República, converteu-se em soberba e tirania[31], mudaram a tradição[32], estabelecendo governos anuais e dois governantes[33]: desse modo, julgavam mínimas as possibilidades de o espírito humano assoberbar-se pelo poder[34].

VII. 1. Ora, naquele tempo, eles passaram, cada qual, a distinguir-se e a pôr mais à mostra seu engenho. 2. De fato, para os reis, os homens de bem são mais suspeitos do que os maus, e o valor alheio é-lhes sempre temível. 3. Mas a Urbe, incrível é mencionar com que rapidez cresceu depois de conseguir a liberdade[35], tamanho desejo de glória a tomara. 4. Agora, por primeiro, a juventude, tão logo se tornava apta a suportar a

---

30. Em latim, o termo *patres* ("pais") também era usado para designar os senadores, particularmente na expressão *patres conscripti* (lit. "pais conscritos"). Tal uso advém do sentido marcadamente social do termo *pater*, por contraposição a *parens* ("pai"), de sentido biológico. Cf. Ernout & Meillet (1951) s.v. *pater*.

31. Alusão a Tarquínio, o Soberbo, o último rei de Roma.

32. Com a derrubada da Monarquia, em 510 a.C., por obra de Lúcio Júnio Bruto.

33. O governo anual era o consulado. A cada ano, dois novos cônsules assumiam o cargo. A contagem dos anos passou a ser por isso feita com base no nome dos cônsules de cada ano.

34. Em teoria, o fato de sempre haver dois cônsules dividindo o poder em pé de igualdade serviria como garantia de que um não se projetaria sozinho acima dos demais cidadãos, por uma espécie de equilíbrio de forças.

35. Com o fim da Monarquia e o estabelecimento da República.

guerra, aprendia a arte militar na prática, com as operações nos acampamentos, e encontravam[36] maior prazer em luzentes armas e cavalos de guerra do que em rameiras e banquetes. 5. Então, para tais homens nenhuma fadiga era estranha, nenhum lugar era difícil ou inacessível, nenhum inimigo armado, temível: a bravura superara todos os obstáculos. 6. Ora, havia, entre eles, uma enorme disputa pela glória: cada qual esforçava-se por golpear o inimigo, escalar muralhas, ser visto ao fazer tal façanha. Julgavam essas as riquezas, essa a boa reputação e a grande nobreza. Eram ávidos de louvor, pródigos de dinheiro; desejavam glória enorme, riqueza honrosa. 7. Enumeraria em que ocasiões o povo romano dispersou vastas tropas de inimigos com um pequeno contingente, que cidades naturalmente protegidas tomou em combate, se isso não me afastasse de minha empresa.

VIII. 1. Ora, claramente, a Fortuna em tudo é soberana: ela, antes por capricho que justiça, a tudo torna célebre ou obscuro. 2. As façanhas dos atenienses, segundo julgo, foram bastante grandiosas e magníficas, mas não tão importantes, todavia, quanto afirma a tradição. 3. Porém, por haverem florescido ali grandiosos engenhos de escritores, os feitos dos atenienses são celebrados como os mais importantes pelo mundo. 4. Assim, o valor dos que os realizaram é considerado tanto maior quanto os engenhos ilustres os puderam

---

36. Atente-se à construção *ad sensum*: como "juventude" pressupõe uma ideia de coletivo, equivalendo aqui a "jovens", Salústio alterna o tempo verbal do singular para o plural.

exaltar com palavras. 5. Mas o povo romano nunca teve tal oportunidade[37], porque os mais sagazes eram os mais ocupados: ninguém exercitava a inteligência sem o corpo, os melhores preferiam agir a falar, que outros louvassem suas grandes empresas a eles próprios narrarem as alheias.

IX. 1. Assim, na paz como na guerra cultivavam-se os bons costumes; suma era a concórdia, a avidez, quase nenhuma. Entre eles, a justiça e a retidão não vigoravam mais pelas leis do que pela natureza[38]. 2. Entregavam-se às rixas, às discórdias, às rivalidades com os inimigos, cidadãos disputavam com cidadãos pelo mérito[39]. Nas oferendas aos deuses eram magníficos, em casa, comedidos, aos amigos, fiéis. 3. Com estas duas qualidades, a audácia na guerra, quando a paz chegara, a equidade, cuidavam de si e da República. 4. Tenho, como as maiores provas disso[40], os seguintes fatos: o de, na guerra, terem-se punido com

---

37. Salústio pretende preencher a alegada lacuna com a escrita de sua obra.

38. Entenda-se: os antigos eram justos e corretos por sua própria natureza, sem terem de se ver coagidos a tais virtudes pela lei e, como está implícito, pelos castigos impostos por esta.

39. Observação que deveria repercutir fortemente entre os leitores contemporâneos de Salústio, já que a escrita da obra deu-se em época de turbulência e de guerras civis: a lembrança da guerra entre César e Pompeu ainda era recente e, dependendo da data de escrita — certamente depois dos Idos de Março, embora não se saiba ao certo quando —, já se aproximavam ou já estavam em andamento novos conflitos. Cf. Ramsey (2007: 6–7).

40. Com a enumeração das provas de sua afirmação, Salústio busca consolidar sua autoridade de historiador e a credibilidade de seu relato.

maior frequência os que enfrentaram os inimigos desobedecendo às ordens e os que, com ordens de se retirar do combate, tardaram a deixá-lo, que os que ousaram abandonar os estandartes ou, expulsos de sua posição, bater em retirada; 5. já na paz, o fato de exercerem o poder antes por benefícios que pelo medo, e preferirem perdoar as ofensas recebidas a procurar vingança.

X. 1. Porém, quando a República cresceu com o labor e a justiça, grandes reis foram domados pela guerra, gentes feras e povos poderosos foram submetidos à força, Cartago, rival do poderio romano, foi aniquilada pela raiz, todos os mares e terras estavam abertos, a Fortuna passou a se enfurecer e a pôr tudo em desordem[41]. 2. Os que haviam facilmente suportado as fadigas, os perigos, as situações incertas e difíceis, a eles o ócio e a riqueza, desejáveis em outras circunstâncias, foram fardo e miséria. 3. Então, primeiro cresceu o desejo de dinheiro, depois, o de poder: estes foram como que a substância de todos os males. 4. De fato, a avidez fez caírem por terra a lealdade, a integridade e os demais bons dotes; em lugar deles, ensinou a soberba, a crueldade, a descurar os deuses, a tudo ter na conta de venal. 5. A ambição constrangeu muitos mortais a se tornarem falsos, a ter uma coisa encerrada no peito, outra à mostra nos lábios, a julgar amizades e inimizades não por si mesmas, mas por conveniência, e a ter antes a fisionomia que a índole boa. 6. Tais males, de início, cres-

---

41. Salústio estabelece, com esta observação, o fim da Terceira Guerra Púnica, em 146, como o momento crucial, na história de Roma, em que os costumes da Cidade começaram a corromper-se.

cem aos poucos, por vezes se punem. Depois, quando a infecção se espalhou como uma peste, a cidade mudou, o governo, de mui justo e bom que era, tornou-se cruel e intolerável.

XI. 1. Ora, de início a ambição, mais do que a avidez, inquietava os ânimos dos homens, embora tal vício estivesse bem próximo à virtude. 2. É que tanto o honesto como o indolente buscam para si a glória, a honra, o poder, mas aquele avança pelo reto caminho; por faltarem a este bons dotes, luta por meio de enganos e mentiras. 3. A avidez contém em si o desejo de dinheiro, o que sábio nenhum anseia; ela, como que impregnada de drogas maléficas, efemina o corpo e o ânimo viris, é sempre infinita, insaciável, não diminui com a riqueza ou a pobreza. 4. Ora, depois que Lúcio Sula tomou o poder pelas armas e fez que a bons inícios se seguissem maus resultados, todos roubam, saqueiam, este deseja uma casa, terras, aquele; vencedores, não têm moderação ou medida, cometem crimes terríveis e cruéis contra os cidadãos[42]. 5. Somava-se a isso o fato de Lúcio Sula, contra os costumes ancestrais, manter o exército que comandara na Ásia em meio ao luxo e à excessiva libertinagem, a fim de garantir sua lealdade. Paragens amenas, apprazíveis haviam facilmente debilitado, na paz, os bravos ânimos dos soldados. 6. Ali, pela primeira vez, o exército do povo romano acostumou-se a fornicar, beber, admirar estátuas, pinturas, vasos entalhados, saqueá-

---

42. Salústio refere-se à guerra civil de 83–82, à ditadura de Sula que se seguiu e às proscrições e abusos que decorreram de seu mando.

-los privada e publicamente, espoliar os santuários, macular tudo o que é sacro ou profano. 7. Tais soldados, então, depois de alcançar a vitória, nada deixaram aos vencidos. Se a prosperidade atormenta os ânimos dos sábios, tampouco eles, com seus costumes corrompidos, poriam limite à vitória.

XII. 1. Depois que as riquezas passaram a ser fonte de honra e a elas seguiam a glória, o poder, a influência, começou a enfraquecer-se a virtude, a posse de pouco, a ser tida em desprezo, a honestidade, a passar por malevolência. 2. Então, pelas riquezas, o luxo e a avidez, mais a soberba, assaltaram a juventude: saqueiam, gastam, pouco apreciam o que é seu, desejam o alheio, consideram indiferentes o recato, o pudor, o divino e o humano, não têm qualquer escrúpulo ou moderação. 3. Vale a pena, ao conhecer as casas e as vilas construídas à maneira de cidades, visitar os templos dos deuses, que nossos antepassados, mortais profundamente religiosos, construíram. 4. Estes, porém, ornavam os santuários dos deuses com sua devoção, suas casas, com sua glória, e não tomavam aos vencidos senão a possibilidade de ofensa. 5. Já aqueles, em contrapartida, homens por demais indolentes, tomam aos aliados, no maior dos crimes, tudo o que os vencedores, bravíssimos varões, deixaram — como se empregar o poder consistisse precisamente em cometer ofensas. XIII. 1. De fato, por que mencionar aquilo em que não podem crer senão os que o viram: montanhas postas abaixo, mares aterrados por diversos cidadãos?[43] 2. A eles, parece-me, as riquezas eram motivo de escárnio, uma vez que se apressavam, pela torpeza, em abusar das que lhes era concedido ter honestamente. 3. Ora, espalhara-se um desejo não menor de adultério, orgias e demais dissipações: os homens comportam-se como mulheres, estas põem à venda a castidade; tudo examinam em terra e mar em busca de diferentes iguarias; dormem antes de ter sono; não aguardam fome ou sede, nem frio ou cansaço, mas antecipam-nos todos pelo excesso. 4. Tais coisas incitavam a juventude aos crimes, quando os recursos familiares faltavam: não era fácil, a um ânimo impregnado de vícios, privar-se dos prazeres; por isso entregara-se por todos os meios aos ganhos e aos gastos, sem qualquer moderação.

XIV. 1. Numa cidade tão grande e tão corrompida, Catilina mantinha a seu redor, como guardas — o que era extremamente fácil de fazer —, bandos de escândalos e delitos de toda espécie[44]. 2. De fato, todo aquele que, devasso, adúltero, glutão, dilacerara os bens pater-

---

43. Ernout (1996: 67, n. 2) e Chassignet (1999: 23, n. 40) apontam Luculo como possível referência desta alusão. De fato, a acreditar no relato do historiador Veleio Patérculo (2.33), Luculo recebera de Pompeu Magno, por conta justamente desse tipo de prática de construção que avançava sobre o mar e de nivelamento de terras montanhosas, a alcunha de "Xerxes de toga". Evidentemente, não está descartado que outros aristocratas também fossem visados pelo moralista.

44. Uma imagem forte: escândalos e delitos são personificados, para compor a guarda de Catilina!

nos com os dados, o ventre, o pênis[45], bem como os que contraíram enormes dívidas para obter a absolvição de um escândalo ou delito; 3. demais, os assassinos todos de toda parte, sacrílegos, condenados em julgamento ou no temor deste por seus atos; além disso, aqueles a quem a mão e a língua alimentavam com perjúrio ou sangue civil, todos, por fim, a quem atormentavam a desonra, a pobreza, a culpa — esses eram íntimos e familiares de Catilina[46]. 4. É que mesmo alguém isento de culpa, se incorria em sua amizade, fácil tornava-se igual e semelhante aos demais em virtude do hábito e dos atrativos cotidianos. 5. Porém, ele buscava sobretudo a intimidade dos jovens: seus ânimos, maleáveis ainda e vacilantes [pela idade], eram capturados sem dificuldade por seus enganos. 6. De fato, conforme ardia o desejo de cada um, por conta da idade, a uns fornece prostitutas, a outros, compra cães e cavalos; por fim, não poupava dinheiro ou dignidade, contanto que os tornasse submissos e leais a si. 7. Sei que houve quem julgasse que a juventude frequentadora da casa de Catilina tinha o pudor em pouca conta[47]; mas tal rumor

---

45. Outra imagem bastante forte, direta e concreta, como referência ao jogo, à gula e à fornicação.

46. Assim como Catilina, seus cúmplices de conspiração são pintados com as grossas tintas da invectiva.

47. Conforme apontam os comentadores, temos aqui uma alusão a Cícero, que retrata a depravação dos conspiradores em várias passagens de seu *corpus* oratório: *Cat.* 2.8; 2.23–24; *Red. Sen.* 10; *Dom.* 62 (referências em Ernout (1996: 69, n. 1) e Ramsey (2007: 99), em nota a *nonnullos qui*).

tinha força antes por motivos outros[48] que por alguém
o ter efetivamente descoberto.

XV. 1. Já de início o jovem Catilina cometera diversos adultérios abomináveis: com uma virgem nobre, com uma sacerdotisa de Vesta, outros do gênero contra a lei humana e a divina. 2. Por fim, tomado de amor por Aurélia Orestila, de quem um homem honesto jamais louvou senão a beleza, passa por certo que, como ela hesitava em desposá-lo, temendo um enteado em idade adulta, Catilina matou seu filho e esvaziou sua casa para as núpcias criminosas. 3. Parece-me que esse foi o principal motivo de apressar o crime. 4. De fato, seu ânimo impuro, infesto a deuses e homens, não conseguia ter descanso, fosse na vigília, fosse no sono, de tal modo o remorso devastava sua mente aterrorizada. 5. Então sua cor era pálida, turvos, seus olhos; seu passo, rápido por vezes, por vezes, lento: em suma, a insânia estava em sua face e em seu rosto.

XVI. 1. Ora, à juventude, que, como dissemos acima, seduzira, ele ensinava, por muitos meios, crimes terríveis. 2. Dentre eles[49] fornece testemunhas e signatários falsos; ordenava que tivessem em pouca conta a lealdade, as fortunas, os processos[50]; depois, quando esma-

---

48. "Motivos outros" seriam o interesse de Cícero em denigrir seu adversário, tática retórica que o orador adota, em seus discursos, para tratar de todos os seus grandes inimigos. Salústio, em contrapartida, busca uma apresentação mais isenta, em conformidade com seu ofício de historiador.

49. Ou seja, os jovens, ideia que se depreende de "juventude". Nova *constructio ad sensum*.

50. Repare-se na alternância de tempos verbais ("fornece" — "ordenava").

gara sua reputação e pudor, outros delitos ainda mais graves. 3. Se faltava momentaneamente um pretexto para o erro, mesmo assim os fazia cercar, matar os inculpáveis como culpados. Sem dúvida, para que as mãos ou o ânimo não enfraquecessem pela ociosidade, era de preferência perverso e cruel gratuitamente. 4. Fiando-se em tais amigos e aliados, a um tempo porque eram enormes as dívidas por toda a parte e porque a maioria dos soldados de Sula, depois de dissipar o que era seu, lembrada das rapinas e da antiga vitória, desejava a guerra civil, concebeu o plano de aniquilar a República. 5. Na Itália não havia nenhum exército, Gneu Pompeu promovia a guerra nos confins do mundo[51]; ele tinha grande esperança em sua candidatura ao consulado[52], o Senado estava absolutamente desatento: tudo estava seguro e tranquilo, mas isso era de todo propício a Catilina.

XVII. 1. Então, por volta das calendas de junho, no consulado de Lúcio César e Gaio Fígulo[53], de início convoca-os todos, exorta a uns, a outros, sonda, informa-os de seus recursos, do despreparo da República, das grandes recompensas da conjuração. 2. Depois de assegurar o que pretendia, convoca a um único lugar todos os que tinham enorme necessidade e audácia inda maior. 3. Ali reuniram-se, da ordem senatorial, Públio Lêntulo Sura, Públio Autrônio, Lúcio Cássio Longino, Gaio Cetego, Públio e Sérvio Sula, filhos de Sérvio,

---

51. Pompeu detinha então um comando militar para enfrentar o rei Mitridates do Ponto, no oriente.

52. Entenda-se: Catilina.

53. Ou seja, cerca de 1º de junho de 64.

Lúcio Vargunteio, Quinto Ânio, Marco Pórcio Leca, Lúcio Béstia, Quinto Cúrio; 4. demais, da ordem equestre, Marco Fúlvio Nobílior, Lúcio Estatílio, Públio Gabínio Cápito, Gaio Cornélio; além disso, muitos nobres locais das colônias e municípios. 5. Havia, de resto, diversos nobres participando desse plano de maneira mais velada, encorajados mais pela esperança de tirania do que por pobreza ou alguma precisão[54]. 6. Além disso, a maior parte da juventude — embora sobretudo da nobreza — era favorável aos desígnios de Catilina: pudera embora viver no ócio, já na suntuosidade, já na lascívia, preferiam[55] o incerto ao certo, a guerra à paz. 7. Houve também, naquela época, quem cresse que Marco Licínio Crasso não desconhecia seu plano: que, pelo fato de Gneu Pompeu, a quem odiava, comandar um grande exército, desejava que os recursos de quem quer que fosse crescessem contra a influência deste, ao mesmo tempo convicto de que, se a conjuração ganhasse força, facilmente se tornaria o líder entre eles[56].

XVIII. 1. Ora, do mesmo modo, anteriormente, uns poucos conjuraram contra a República, dentre os quais estava Catilina. Dela[57] falarei da maneira mais verídica

---

54. Salústio deixa à imaginação do leitor a identidade de tais membros da nobreza: tratar-se-ia de Marco Crasso? De Júlio César?

55. Construção *ad sensum* ("pudera" — "preferiam"), uma vez mais com a palavra "juventude".

56. Outra construção *ad sensum*: o termo "eles", referente aos conjurados, é sugerido pelo substantivo "conjuração".

57. Nova construção *ad sensum*, desta vez em sentido inverso da que se encontra em 17.7: o verbo "conjuraram" sugere a ideia de "conjuração", a que se refere o termo "dela".

possível[58]. 2. No consulado de Lúcio Tulo e Mânio Lépido[59], Públio Autrônio e Públio Sula, designados cônsules[60], foram acusados de acordo com as leis de corrupção eleitoral e condenados. 3. Pouco tempo depois, Catilina, acusado de concussão, fora impedido de disputar o consulado porque não conseguira apresentar sua candidatura dentro do prazo legal. 4. Havia, na mesma época, Gneu Pisão, um jovem nobre de extrema audácia, pobre, sedicioso, a quem a penúria e o mau caráter estimulavam à perturbação da ordem pública. 5. Com ele, Catilina e Autrônio, por volta das nonas de dezembro[61], depois de informarem seu plano, preparavam-se para assassinar os cônsules Lúcio Cota e Lúcio Torquato no Capitólio, nas calendas de janeiro[62], tomar eles próprios os fasces[63] e enviar Pisão com um exército para ocupar as duas Hispânias. 6. Conhecida a trama, adiaram novamente o plano do assassinato para as nonas de fevereiro[64]. 7. Já então maquinavam a ruína não apenas dos cônsules, mas da maior parte dos senadores. 8. É que se Catilina não se tivesse precipitado em dar

---

58. Retoma a tópica, já explorada no prefácio (4.3), da busca da verdade, decorrente da imparcialidade do historiador.

59. Isto é, em 66.

60. Salústio inverte a formulação tradicional, "cônsules designados".

61. Ou seja, por volta de 5 de dezembro.

62. Isto é, em 1° de janeiro.

63. Os fasces eram feixes de varas presos por tiras vermelhas, que eram usados como insígnias do poder dos magistrados.

64. Isto é, para 5 de fevereiro.

o sinal a seus cúmplices diante da Cúria[65], naquele dia teria sido perpetrado o mais terrível crime desde a fundação da cidade de Roma. Por não se terem reunido homens armados em número suficiente, tal fato frustrou o plano. XIX. 1. Posteriormente, Pisão foi enviado à Hispânia citerior como questor propretor por influência de Crasso, porque o sabia inimigo infesto a Gneu Pompeu. 2. O Senado, contudo, não lhe concedera a província de mau grado, já que desejava longe da República esse homem abominável; ao mesmo tempo, muitos dos bons cidadãos julgavam que ele representava segurança, e já então era temível o poderio de Gneu Pompeu. 3. Mas esse Pisão foi morto na província pelos cavaleiros hispanos que comandava no exército, durante uma marcha. 4. Há quem diga que os bárbaros não puderam suportar suas ordens injustas, arrogantes, cruéis; outros, por sua vez, que esses cavaleiros, clientes antigos e fiéis de Gneu Pompeu, atacaram Pisão com o consentimento daquele; que os hispanos, além disso, nunca cometeram um crime tal, mas toleraram muitos governos duros anteriormente. Quanto a nós, deixemos tal questão em suspenso[66]. 5. Da primeira conjuração já se falou o

---

65. A Cúria, localizada no fórum, era a sede do Senado e lugar de boa parte de suas sessões (o Senado também podia se reunir em lugares consagrados, como templos, por exemplo. É o que acontece na sessão do Senado convocada por Cícero para enfrentar a crise, realizada no Templo da Concórdia. Cf. 46.5.).

66. Coerentemente com o protocolo de imparcialidade do historiador, Salústio pesa as possibilidades e, na falta de evidências conclusivas, suspende seu julgamento.

bastante[67]. XX. 1. Catilina, quando vê reunidos os que há pouco mencionei, embora houvesse não raro tratado de diversos pormenores com cada um deles, julgando que seria útil falar e exortar a todos juntamente, retira-se para uma parte oculta de sua casa e ali, distante de qualquer testemunha, proferiu um discurso do seguinte teor:

2. "Se não houvesse eu mesmo comprovado vosso valor e lealdade, inutilmente se mostrara oportuna a ocasião; vã fora a grande esperança, a tirania já em nossas mãos, e eu não tomara, em virtude da covardia ou das falsas naturezas, por certo o que era incerto. 3. Porém, porque vos reconheci fortes e fiéis a mim em muitas e graves crises, meu ânimo ousou conceber o maior e mais belo dos feitos, ao mesmo tempo por perceber serem, para vós, os bens e os males os mesmos que para mim: 4. de fato, querer e não querer o mesmo, eis, precisamente, o que é uma sólida amizade. 5. Mas todos vós já ouvistes anteriormente, em diversas ocasiões, o que tenho revolvido em minha mente. 6. Além disso, meu ânimo inflama-se mais a cada dia, quando considero qual há de ser nossa condição de vida se nós mesmos não nos libertarmos. 7. De fato, depois que a República cedeu à lei e ao domínio de uns poucos poderosos, sempre os reis, os tetrarcas são-lhes tributários, os povos, as gentes pagam-lhes impostos; todos os demais, ativos, honestos, nobres e não nobres, formamos

---

67. A primeira conjuração de Catilina é considerada uma ficção pelos estudiosos modernos. Leia-se, a respeito, Ramsey (2007: 237–239).

o vulgo, sem crédito, sem autoridade, submissos àqueles a quem, fizera a República jus ao nome, causaríamos terror. 8. E assim, todo crédito, influência, honraria, riqueza estão entre eles ou onde pretendem que estejam; a nós deixaram as derrotas, os perigos, os processos, a pobreza. 9. Até quando, então, o suportareis, bravíssimos varões?[68] Não é preferível morrer com valor a perder, com infâmia, uma vida miserável e desonrosa, em que se foi motivo de escárnio da soberba alheia? 10. Mas, a bem da verdade, pela fé de deuses e homens, a vitória está em nossas mãos, é valerosa a idade, o ânimo, forte; em contrapartida, tudo o que têm envelheceu com os anos e as riquezas. É preciso apenas o primeiro passo, o resto virá por si. 11. E, de fato, quem, dentre os mortais de natureza viril, pode sofrer que lhes abundem as riquezas, para dilapidarem-nas construindo sobre o mar e aplainando as montanhas[69], que a nós falte o patrimônio familiar mesmo para o necessário? Que conjugem duas ou mais casas, enquanto em parte alguma temos um lar familiar? 12. Enquanto compram pinturas, estátuas, vasos, derrubam construções novas, constroem outras, em suma, por todos os meios pilham, devastam, não conseguem, todavia, apesar de seu imenso desejo, dar-lhes fim. 13. Nós, porém, temos a penúria em privado, as dívidas em público, uma realidade terrível, uma perspectiva muito mais dura: enfim, que

---

68. Paródia do célebre começo da primeira *Catilinária* (1.1): *quousque tandem, Catilina, abutere patientia nostra?* ["Até quando, afinal, Catilina, abusarás de nossa paciência?"]

69. As palavras de Catilina ecoam as de Salústio, em sua digressão sobre a derrocada dos costumes de Roma (13.1).

nos resta senão um miserável sopro de vida? 14. Por que, então, não despertais? Eis que aquela liberdade, aquela que sempre desejastes, de resto, as riquezas, a honra, a glória encontram-se diante de vossos olhos; a Fortuna colocou-as todas como prêmios aos vencedores. 15. A situação, a ocasião, os riscos, a pobreza, os magníficos espólios de guerra vos servem de maior encorajamento do que meu discurso. 16. Servi-vos de mim, seja como comandante, seja como soldado[70]: nem meu ânimo nem meu corpo se apartarão de vós. 17. Farei tais coisas junto convosco, segundo espero, como cônsul, a não ser que me engane, e estejais prontos antes a servir que a comandar".

XXI. 1. Depois de ouvirem tais palavras, embora aqueles homens, sobre quem pesava todo tipo de desgraça, mas não possuíam nenhum recurso ou boa perspectiva, considerassem um grande ganho perturbar a ordem, exigiram, em sua maior parte, que explicitasse quais eram os termos da guerra, que prêmios pretendiam pelas armas, que recursos ou perspectivas tinham em cada lugar. 2. Então Catilina promete o perdão das dívidas, a proscrição dos ricos, magistraturas, sacerdócios, pilhagens, tudo mais que trazem a guerra e o desejo dos vencedores[71]. 3. De resto, Pisão encontra-se na Hispânia citerior, Público Sítio, de Nucéria, na Mauritânia com seu exército, cúmplices de seu plano; disputa o consulado Gaio Antônio, a quem espera ter como co-

---

70. Catilina cumprirá sua promessa, conforme o relato de Salústio em 60.4.

71. As promessas de Catilina ecoam os eventos que Salústio expôs sobre a ditadura de Sula (11.4).

lega, homem não apenas seu amigo, mas também cercado de toda espécie de necessidades; cônsul, com ele dará início à empresa[72]. 4. Além disso, atacava a todos os bons cidadãos com impropérios, elogia cada um dos seus chamando-os pelo nome; relembrava, a um, sua falta de recursos, a outro, sua cobiça, a diversos, o perigo ou a ignomínia, a muitos, a vitória de Sula, que lhes propiciara espólios[73]. 5. Depois que vê os ânimos ansiosos de todos, exortou-os a cuidar de sua candidatura e encerrou a reunião.

XXII. 1. Houve, naquele tempo, quem dissesse que Catilina, depois de seu discurso, ao ligar os cúmplices de seu crime por juramento, teria servido, em páteras, sangue de um corpo humano misturado com vinho; 2. daí, depois de todos jurarem e o provarem, como é uso nos sacrifícios solenes, teria revelado seu plano, assim agindo a fim de que fossem mais leais uns aos outros, como cúmplices de tão grave feito. 3. Alguns julgavam que essa e, de resto, muitas outras alegações haviam sido forjadas por aqueles que acreditavam poder abrandar o ódio que nascera posteriormente contra Cícero, em virtude da atrocidade das execuções[74]. 4. A nós, tal fato, em virtude de sua magnitude, não tem

---

72. Cf. 59.4 e nota *ad locum*.

73. Atente-se à alternância das formas verbais: "atacava" — "elogia" — "relembrava".

74. Cícero acabaria sendo exilado por cerca de 18 meses, em 58–57, por conta da execução sem julgamento dos 5 conspiradores capturados.

comprovação suficiente[75]. XXIII. 1. Ora, nessa conjuração estava Quinto Cúrio, oriundo de estrato não obscuro, coberto de escândalos e delitos, a quem os censores haviam expulsado do Senado por improbidade. 2. A frivolidade desse homem não era menor do que sua audácia: não ponderava calar o que ouvia, nem ocultar seus próprios crimes, nem, enfim, o que dizia ou fazia. 3. Tinha com Fúlvia, mulher nobre, uma antiga relação de adultério; como já não lhe agradasse, uma vez que não podia presenteá-la pela falta de recursos, repentinamente, vangloriando-se, pôs-se a prometer mares e montes e, por vezes, a ameaçá-la de morte, caso não se submetesse a ele; por fim, passou a agir de maneira mais feroz do que de costume. 4. Porém, Fúlvia, ao tomar conhecimento da causa da arrogância de Cúrio, não manteve tal perigo oculto à República, mas, omitindo sua fonte, contou a diversas pessoas o que ouvira, e de que modo, acerca da conjuração de Catilina. 5. Sobretudo tal fato inflamou nos homens o desejo de conferir o consulado a Marco Túlio Cícero. 6. De fato, antes disso a maior parte da nobreza ardia de inveja, e acreditavam que o consulado seria como que maculado se um homem novo[76], ainda que egrégio, o obtivesse. Porém, quando se aproximou o perigo, a inveja e a soberba ficaram em segundo plano.

―――――――――

75. Novo aceno à imparcialidade do autor, à busca da verdade e à ponderação das evidências.

76. "Homem novo", entre os romanos, designava o primeiro representante de uma família a adentrar o Senado, como era o caso de Cícero.

XXIV. 1. Então, realizadas as eleições[77], são proclamados cônsules Marco Túlio e Gaio Antônio; esse fora o primeiro fato a abater os cúmplices da conjuração. 2. No entanto, não diminuía a loucura de Catilina, mas a cada dia maquina mais planos, apresta os exércitos pela Itália em posições estratégicas, leva a Fésulas dinheiro tomado de empréstimo em seu nome, ou no dos amigos, a certo Mânlio, que foi depois o primeiro a promover a guerra. 3. Conta-se que, naquela época, aliciara inúmeros homens de toda estirpe, mesmo algumas mulheres que, de início, haviam suportado enormes gastos pela venda do corpo, depois, quando a idade pusera medida aos ganhos, mas não ao luxo, haviam contraído grandes dívidas. 4. Por meio delas, Catilina acreditava poder sublevar a escravaria urbana, incendiar a Urbe, aliciar seus maridos ou matá-los.

XXV. 1. Ora, entre elas estava Semprônia[78], que não raro cometera diversos crimes de uma audácia varonil. 2. Essa mulher era bastante afortunada por sua estirpe e beleza, além disso, por seu marido e filhos; versada nas letras gregas e latinas, na cítara, na dança com mais graça do que o necessário a uma mulher honesta, em muitos outros dons que são instrumentos da luxúria. 3. Mas qualquer coisa sempre lhe foi mais cara do que a honra e o pudor; não seria fácil discernir se poupava

---

77. Em 64, para o mandato de 63.

78. Discute-se a relevância do retrato de Semprônia na economia da *Conjuração de Catilina*. É de notar que o próprio Salústio, tão ansioso por demonstrar a adequação do retrato de Catilina e da digressão sobre o passado de Roma, nada diz aqui nesse sentido. Cf. 4.5; 5.9; 7.7.

menos dinheiro ou reputação; sua libido era de tal modo inflamada que mais vezes procurava os homens do que estes a procuravam. 4. Ora, ela não raro traíra, anteriormente, a confiança recebida, negara um empréstimo sob juramento, fora cúmplice de assassinato, derrocara pela luxúria e privação[79]. 5. Sua inteligência, contudo, não era vulgar: capaz de compor versos, provocar o riso, empregar uma linguagem ora moderada, ora insinuante, ora obscena — em suma, havia nela muitos encantos e muita graça.

XXVI. 1. Mesmo com tais preparativos, Catilina disputava o consulado do ano seguinte[80], na esperança, caso fosse eleito, de manipular Antônio facilmente, à sua vontade. E não se aquietara nesse ínterim, mas por todos os meios tramava contra Cícero. 2. Não faltavam a este, porém, habilidade e astúcia para precaver-se. 3. De fato, desde o começo de seu consulado, com muitas promessas conseguira, por meio de Fúlvia, que Quinto Cúrio, que há pouco mencionei, revelasse os desígnios de Catilina. 4. Além disso, impelira seu colega Antônio, com um acordo sobre as províncias[81], a não

---

79. O latim *luxuria atque inopia praeceps abierat* também pode ser traduzido por "derrocara pelo luxo e pela penúria". Neste caso, os gastos provocados pelo primeiro é que teriam acarretado o segundo.

80. Em 63, para o mandato de 62.

81. Ao deixar suas magistraturas, os cônsules partiam para governar as províncias que lhes eram designadas por sorteio. No sorteio deste ano, coubera a Cícero a Macedônia, e a Gália Cisalpina a Antônio. A manobra de Cícero consistiu em trocar de província com Antônio, ao mesmo tempo em que abdicava do governo da Gália Cisalpina. A Macedônia seria mais interessante para Antônio porque mais lucrativa.

se posicionar contra a República; mantinha a seu redor, veladamente, escoltas de amigos e clientes. 5. Depois que chegou o dia das eleições e nem a candidatura, nem os atentados que fizera contra os cônsules no Campo de Marte tiveram êxito, Catilina decidiu promover a guerra e experimentar todos os extremos, já que o que maquinara em segredo tivera consequências desfavoráveis e vergonhosas.

XXVII. 1. Então enviou Gaio Mânlio a Fésulas e àquela região da Etrúria, certo Septímio de Camerino, ao território do Piceno, Gaio Júlio, à Apúlia; além disso, os demais, a lugares diversos — quem e onde, segundo acreditava, lhe seria oportuno. 2. Enquanto isso, em Roma, maquina diversos planos a um tempo, almeja atentados contra os cônsules, apresta incêndios, ocupa posições estratégicas com homens armados, ele mesmo arma-se, ordena aos mais o mesmo, exorta-os a estarem sempre atentos e prontos, dia e noite lida, vela, não cede à vigília ou ao labor. 3. Por fim, quando nenhuma de suas diversas ações surtiu efeito, alta noite convoca novamente, na casa de Marco Pórcio Leca, os líderes da conjuração, e lá, depois de muito queixar-se de sua apatia, informa que enviou já Mânlio à multidão que aprestara para pegar em armas, bem como cada um dos demais a uma posição estratégica para que dessem início à guerra, e que deseja partir para o exército caso consiga, antes, eliminar Cícero — que é um grande obstáculo a seus planos.

XXVIII. 1. Então, enquanto os mais se aterram e hesitam, Gaio Cornélio, cavaleiro romano, prometeu sua colaboração e decidiu, juntamente com Lúcio Vargunteio, senador, que naquela noite, dali a pouco, adentrariam a casa de Cícero com homens armados a pretexto de o saudar[82] e súbito o apunhalariam, despreparado, em sua própria casa. 2. Cúrio, quando nota quão grande perigo pende sobre o cônsul, rapidamente informa Cícero, por meio de Fúlvia, da cilada que se prepara. 3. Assim, impedidos de entrar, empreenderam tamanho crime em vão. 4. Enquanto isso, Mânlio, na Etrúria, alicia a plebe, sedenta de revolução pela miséria e pelo ressentimento da injustiça sofrida (pois perdera as terras e todos os bens com a tirania de Sula), além de bandidos de toda espécie, de que havia grande quantidade naquela região, e alguns dos colonos de Sula, a quem o desejo e o luxo nada haviam deixado das grandes pilhagens.

XXIX. 1. Quando a nova chega a Cícero, ele, perturbado por um duplo mal, porque nem podia, por iniciativa própria, defender mais tempo a cidade das insídias, nem tinha bem claros a dimensão ou os desígnios do exército de Mânlio, submete ao Senado a questão, já antes discutida em virtude dos rumores públicos. 2. Assim, como é uso na maioria das situações de perigo, o senado decretou que os cônsules lidassem para que a

---

82. Salústio refere-se ao costume romano da *salutatio*, segundo o qual os homens mais importantes de Roma eram saudados, no período da manhã, por seus clientes. A prática conferia prestígio ao patrono visitado. De acordo com o plano de Catilina, Cornélio e Vargunteio se misturariam aos clientes de Cícero, sob pretexto de o saudar, para assassiná-lo de surpresa.

República não sofresse detrimento[83]. 3. Esse é o maior poder conferido a um magistrado pelo Senado segundo a tradição romana — aprestar um exército, promover a guerra, por todos os meios coagir aliados e cidadãos, ter máxima autoridade e arbítrio na paz como na guerra. De outro modo, sem o mando do povo, o cônsul não tem direito a nenhum desses poderes.

XXX. 1. Poucos dias depois, o senador Lúcio Sênio leu no Senado uma carta que afirmava haver recebido em Fésulas, na qual estava escrito que Gaio Mânlio pegara em armas com uma grande multidão no sexto dia antes das calendas de novembro[84]. 2. A um tempo, como é uso em tal situação, alguns anunciavam portentos e prodígios, outros, que acontecia uma reunião, portavam-se armas, movia-se um levante de escravos em Cápua e na Apúlia.

3. Então, por decisão do Senado, Quinto Márcio Rex foi enviado a Fésulas, Quinto Metelo Crético, à Apúlia e cercanias — 4. os dois encontravam-se às portas da Urbe como comandantes, impedidos de realizar um triunfo[85] pela oposição de uma minoria afeita a vender tudo o que é honroso ou desonroso —, 5. mas os pretores foram enviados, Quinto Pompeu Rufo a Cápua, Quinto Metelo Céler, ao território do Piceno, e foi-lhes dado o encargo de aprestar um exército de acordo com a situação e o perigo. 6. Além disso, a todo aquele que de-

---

83. Trata-se do "senátus-consulto último", explicado em seguida por Salústio.

84. Isto é, em 27 de outubro.

85. Se adentrassem a cidade, os comandantes automaticamente abdicariam de seus poderes militares e dos triunfos que pleiteavam.

latasse ações concernentes à conjuração realizada contra a República, a recompensa seria, para um escravo, a liberdade e cem mil sestércios, para um homem livre, impunidade por seu ato e duzentos mil sestércios; 7. e decidiram, igualmente, que as companhias de gladiadores fossem distribuídas por Cápua e pelos demais municípios de acordo com os recursos de cada; em Roma, que houvesse guardas por toda a cidade e que fossem comandadas pelos magistrados menores[86].

XXXI. 1. Tais eventos turbaram a cidade e mudaram a face de Roma. De um estado de extrema alegria e libertinagem, que o longo período de paz gerara[87], súbito a tristeza tomou a todos de assalto: 2. agitam-se, tremem, não confiam o bastante em lugar ou homem algum, não fazem guerra nem têm paz, cada um mede os perigos pelo medo. 3. Além disso, as mulheres, tomadas de um temor inusitado da guerra, dada a grandeza da República, carpem-se, erguem as mãos súplices aos céus, comiseram-se de seus filhos pequenos, oram, tudo temem, abandonam a soberba e os prazeres e desconfiam de si e da pátria. 4. No entanto, era bem isso o que o ânimo cruel de Catilina provocava, embora se aprestassem guarnições e ele próprio houvesse sido acusado por Lúcio Paulo de acordo com a lei Pláucia[88]. 5. Por fim, por dissimulação ou para se justificar, como se fora convocado por calúnia, foi ao Senado. 6. Então o cônsul Marco Túlio, fosse por temer

---

86. Particularmente pelos triúnviros capitais.
87. Desde a guerra civil dos anos 80.
88. A lei Pláucia concernia a crimes por uso de violência.

sua presença, fosse movido pela ira, proferiu um discurso esplêndido e útil à República, que depois publicou em versão escrita[89]. 7. Mas, quando se sentou, Catilina, preparado que estava para todo tipo de dissimulação, com o rosto baixo, com a voz suplicante, começou a pedir aos senadores que não acreditassem cegamente em nada a seu respeito; era oriundo de família tal, de tal modo conduzira sua vida desde a juventude, que ansiava tudo quanto fosse honesto; que não julgassem que ele, um patrício, de quem, tal como de seus antepassados, provieram inúmeros benefícios à plebe romana, carecia da ruína da República, enquanto esta era salva por um Marco Túlio, cidadão inquilino da cidade de Roma[90]. 8. Quando somava a essa outras afrontas, todos protestam, chamam-no de inimigo público e parricida. 9. Diz ele, então, enfurecido: — Uma vez que, cercado de inimigos, sou lançado ao precipício, apagarei o incêndio provocado contra mim com ruínas!

XXXII. 1. Em seguida precipitou-se da Cúria a sua casa. Ali, muito volvendo em seu íntimo, porque não tinham sucesso as insídias contra o cônsul e sabia que a cidade estava protegida do incêndio pelas guardas, crendo que o melhor a fazer era ampliar o exército e, antes que se recrutassem as legiões, antecipar muito do que seria útil na guerra, alta noite partiu com uns poucos para o acampamento de Mânlio. 2. Mas ordena a

---

89. Salústio refere-se, com parcimônia, à primeira *Catilinária* de Cícero.

90. O ultraje de Catilina diz respeito às origens de Cícero, que não era romano, como se sabe, mas de Arpino, cidade a cerca de 110 km a sudeste de Roma.

Cetego, Lêntulo e os mais cuja audácia manifesta conhecia, que fortaleçam os recursos da facção com os meios possíveis, apressem as insídias contra o cônsul, aprestem a matança, os incêndios e os mais crimes de guerra: muito em breve chegaria à cidade com um grande exército. 3. Enquanto isso ocorre em Roma, Gaio Mânlio envia, de seu contingente, uma delegação a Márcio Rex com instruções do seguinte teor:

XXXIII. 1. "Invocamos os deuses e os homens por testemunha, comandante, de que não pegamos em armas contra a pátria ou para colocar os outros em perigo, mas para que nossos corpos se salvassem da injustiça, nós que, miseráveis, empobrecidos pela violência e crueldade dos usurários, estamos na maior parte privados de nossa morada ancestral, todos, de nossa reputação e fortuna; nem foi permitido a qualquer de nós fazer uso da lei segundo a tradição ancestral, nem, perdido nosso patrimônio, manter o corpo em liberdade, tamanha foi a crueldade dos usurários e do pretor. 2. Não raro vossos antepassados, compadecidos da plebe romana, socorreram-na, em sua pobreza, por seus decretos; e mais recentemente, em nosso tempo, em virtude da grandeza das dívidas, a prata foi saldada com bronze por consenso de todos os bons cidadãos. 3. Não raro a própria plebe, fosse movida pelo desejo de dominação, fosse pela arrogância dos magistrados, separou-se em armas dos patrícios. 4. Nós, porém, não buscamos poder ou riquezas, em virtude dos quais ocorrem todas as guerras e combates entre os mortais, mas liberdade, que homem honesto algum perdeu senão com a vida. 5. Rogamos a ti e ao Senado, velai pelos cidadãos miseráveis, restituí o amparo da lei, que a iniquidade do pretor arrebatou, para não nos impor a necessidade de buscar um modo de morrer depois de vingar plenamente o nosso sangue."

XXXIV. 1. A ela Quinto Márcio respondeu que, se desejavam solicitar algo ao Senado, depusessem as armas, partissem súplices para Roma; que o Senado do Povo Romano sempre mostrara brandura e misericórdia tais, que ninguém jamais lhe pedira auxílio em vão. 2. Porém, de seu trajeto, Catilina envia cartas à maioria dos consulares, sobretudo a todos os bons cidadãos, em que afirma estar cercado de falsas acusações e que, por não ter conseguido resistir à facção dos inimigos, cedia à fortuna, partia para o exílio em Massília[91], não por ser cúmplice de crime tamanho, mas para que a República tivesse paz e que de sua resistência não nascesse uma sedição. 3. Quinto Cátulo leu no Senado uma carta bastante diferente desta, que afirmava haver recebido da parte de Catilina. Uma cópia dela é transcrita abaixo.

XXXV. 1. "Lúcio Catilina a Quinto Cátulo. Tua notável lealdade, reconhecida quando posta à prova, cara a mim em meio a meus graves perigos, trouxe confiança a esta minha recomendação. 2. Por isso, decidi não preparar uma defesa neste meu novo plano: determinei, por não ter nenhuma cumplicidade neste crime, apresentar uma justificativa, a qual, valha-me o deus da boa-fé, talvez possas reconhecer como verdadeira. 3. Movido por injustiças e ultrajes, uma vez que, privado do

---

91. Massília, hoje Marselha, na França, era cidade que com frequência recebia os exilados de Roma.

fruto de meu trabalho e indústria, não alcançava preservar a posição de minha dignidade, assumi a causa pública dos miseráveis, segundo meu costume; não que não pudesse saldar as dívidas em meu nome com minhas posses — e também aquelas em nome de outros seriam totalmente saldadas pela liberalidade de Orestila, por meio de seus bens e dos de sua filha —, mas por perceber homens indignos sendo honrados com honrarias[92] e sentir que fora abandonado em virtude de uma falsa suspeita. 4. Em nome disso, segui a esperança bastante honesta, dada a minha condição, de preservar o restante de minha dignidade. 5. Embora deseje escrever mais, anunciam-me que se prepara o uso da força contra mim. 6. Agora recomendo-te Orestila e a confio a tua lealdade; imploro, por teus filhos, que a defendas de injustiças. Adeus."

XXXVI. 1. Ora, enquanto o próprio Catilina, depois de demorar-se uns poucos dias na casa de Gaio Flamínio, no território de Arécio, fornece armas à vizinhança que já antes incitara, dirige-se ao acampamento de Mânlio com os fasces e outras insígnias de poder. 2. Quando se sabe disso em Roma, o Senado julga Catilina e Mânlio inimigos públicos, estabelece, para a restante multidão, um prazo dentro do qual seria possível depor as armas impunemente, à exceção dos condenados à morte. 3. Demais, decide que os cônsules recrutem tropas, Antônio se apresse a perseguir Catilina com um exército, Cícero defenda a cidade. 4. Naquele tempo, o império do povo romano pareceu-me num estado abso-

---

92. Trata-se da chamada *figura etymologica*.

lutamente deplorável. Embora todas as terras domadas pelas armas lhe obedecessem do nascer ao pôr do sol, em Roma afluíssem a paz e as riquezas, que os mortais consideram o bem supremo, houve cidadãos que buscavam arruinar a si próprios e à República com obstinação. 5. De fato, apesar de dois decretos do Senado, ninguém, de tamanha multidão, revelara a conjuração movido pela recompensa, nem um único sequer de todos eles[93] abandonara o acampamento de Catilina: tão grandes eram a força da doença e, por assim dizer, a peste[94] que haviam assolado a maioria dos ânimos dos cidadãos.

XXXVII. 1. E não eram apenas os que haviam sido cúmplices da conjuração que tinham a mente perturbada, mas a plebe toda, de maneira geral, aprovava os desígnios de Catilina pelo desejo de revolução. 2. De resto, parecia fazê-lo segundo sua tradição, 3. pois sempre, numa cidade, os que não têm recurso algum invejam os bons, exaltam os maus; odeiam o antigo, anseiam o novo; por odiarem sua própria condição, desejam mudar tudo; alimentam-se, irrefletidamente, de desordem e sedições, uma vez que a pobreza é uma posse que se conserva facilmente, sem dano. 4. Ora, a plebe urbana, ela, sim, precipitava-se sobre muitas causas. 5. Antes de tudo, aqueles que em toda parte se sobressaíam principalmente pela desonestidade e petulância, outros, do mesmo modo, que haviam perdido o pa-

---

93. Construção *ad sensum*: a expressão "todos eles", os conjurados, é sugerida pelo termo "conjuração".

94. Retomada da ideia de peste e doença, que Salústio apresentara na digressão moral sobre o passado de Roma, em 10.6.

trimônio em situações desonrosas, por fim, todos os que o escândalo e o crime haviam levado ao exílio haviam afluído a Roma como a um cavername[95]. 6. De resto, muitos, lembrados da vitória de Sula, por perceberem que alguns dos soldados rasos eram senadores, outros eram tão ricos que passavam a vida em fausto e padrão de reis, cada um deles tinha a esperança, caso pegasse em armas, de obter, com a vitória, coisas tais para si. 7. Além disso, a juventude, que suportara a falta de recursos nos campos com os ganhos das próprias mãos, preferira, movida pelas distribuições privadas e públicas, o ócio urbano a um trabalho ingrato. Eles e os mais todos alimentavam-se do mal público. 8. Daí não ser muito de admirar que homens pobres, de mau caráter, enorme esperança, cuidassem da República e de si mesmos igualmente. 9. Demais, aqueles que, com a vitória de Sula, tiveram seus parentes proscritos, seus bens confiscados, seu direito de liberdade diminuído, aguardavam o resultado da guerra com ânimo nada diferente. 10. Além disso, todos aqueles que eram de facções diferentes da do Senado preferiam a agitação da República a ter menor poder. 11. Foi assim que esse mal voltou-se contra a cidade pós tantos anos.

XXXVIII. 1. De fato, depois que se restituiu o poder dos tribunos, no consulado de Gneu Pompeu e Marco Crasso[96], homens jovens, obtendo enorme poder

---

95. Vale dizer, como a um esgoto. A *sentina*, traduzida aqui por "cavername", era o porão do navio e, por metonímia, designava os dejetos e imundícies ali acumulados.

96. Em 70. Os tribunos haviam perdido boa parte de seu poder com a legislação de Sula, em 81.

quando a idade e o ânimo eram inda impetuosos, passaram a agitar a plebe com acusações contra o Senado, depois, a incendiá-los ainda mais com distribuições e promessas, tornando-se eles próprios, assim, ilustres e poderosos. 2. Contra eles empenhava-se com máximo afinco a maior parte dos senadores em defesa da própria grandeza, na aparência, a do Senado. 3. De fato, para dizer a verdade em poucas, quantos, a partir dali, perturbaram a República sob pretextos honrosos, uns, como a defender os direitos do povo, parte, para que a autoridade do Senado fosse a maior possível, lutavam, individualmente, por seu próprio poder, simulando fazê-lo pelo bem público. 4. Não tinham moderação ou medida em seus esforços; ambos exerciam a vitória com crueldade.

XXXIX. 1. No entanto, depois que Gneu Pompeu foi enviado à guerra nos mares[97] e contra Mitridates[98], diminuíram os recursos da plebe, cresceu o poder de uns poucos. 2. Eles detêm as magistraturas, as províncias e tudo mais; seguros, no ápice do poder, passam a vida sem medo e aterram com processos os demais, a fim de manter bem calma a plebe em sua magistratura. 3. Porém, naquela situação incerta, tão logo se lhes ofereceu uma esperança de revolução, a antiga rixa deulhes coragem. 4. É que, se no primeiro combate Catilina tivesse saído vencedor ou em igualdade, sem dúvida grande ruína e calamidade se teriam abatido sobre

---

97. Para combater os piratas do Mediterrâneo, em 67.

98. Na já mencionada guerra contra o rei Mitridates do Ponto, em 66 (cf. 16.5).

a República, e não teria sido possível aos vencedores gozar a vitória por muito tempo sem que alguém, que pudesse mais que os débeis e fracos, tomasse o poder e a liberdade. 5. Houve, no entanto, conjuração à parte, diversos homens que de início debandaram para o lado de Catilina. Entre eles estava Fúlvio, filho de um senador, a quem seu pai mandara matar depois de o interceptar em seu trajeto. 6. Na mesma época, em Roma, Lêntulo, tal como Catilina ordenara, incitava, fosse por si mesmo, fosse por meio de outros, a todos aqueles que, por caráter ou fortuna, cria aptos à revolução — e não apenas cidadãos, mas qualquer tipo de homens, contanto que fossem úteis na guerra[99].

XL. 1. Então encarrega certo Públio Umbreno de procurar os embaixadores dos alóbroges[100] e, se possível, convencê-los a uma aliança na guerra, julgando que estavam esmagados por dívidas em âmbito público e privado e, demais, por ser o povo gaulês guerreiro por natureza, que fácil os poderia persuadir a tal desígnio. 2. Umbreno, por já haver feito negócios na Gália, era conhecido entre os principais chefes de suas cidades e os conhecia. Assim, sem demora, tão logo notou os embaixadores no fórum, fez umas breves perguntas acerca da situação da cidade e, como que se doendo de sua desventura, começou a inquirir-lhes que solução esperavam para tamanhos males. 3. Depois de vê-los a queixar-se da ganância dos magistrados, a acusar o Se-

---

99. Ou seja, Lêntulo pretendia fazer uso mesmo de escravos em seu contingente. A postura de Catilina será diferente, como se lê em 56.5.

100. Tribo celta da Gália Narbonense.

nado de não lhes oferecer auxílio algum, a esperar a morte como remédio de seus males, diz-lhes: — Ora, eu vos mostrarei, contanto que desejeis ser homens de verdade, um meio de escapar desses terríveis males. 4. Assim que o disse, os alóbroges, induzidos a grande esperança, rogam a Umbreno que se compadeça deles: não havia nada tão árduo ou difícil que não fariam com toda a vontade, contanto que isso libertasse sua cidade das dívidas. 5. Ele os leva à casa de Décimo Bruto, porque era próxima ao fórum e estava a par do plano em virtude de Semprônia[101], pois Bruto encontrava-se, então, fora de Roma. 6. Além disso, manda chamar Gabínio para conferir maior autoridade à conversa; em sua presença, revela a conjuração, menciona os aliados, diversos deles inocentes, ademais, de qualquer crime, para que os enviados tivessem maior coragem; em seguida, depois de prometerem cooperar, encerra a reunião.

XLI. 1. Mas longo tempo os alóbroges não souberam ao certo que decisão tomar. 2. De um lado havia as dívidas, o gosto pela guerra, uma grande recompensa na esperança de vitória; de outro, porém, maiores recursos, decisões seguras, prêmios certos em lugar de uma esperança incerta. 3. Enquanto revolviam tais questões, venceu, por fim, a fortuna da República. 4. Assim, tal como o ouviram, revelam todo o caso a Quinto Fá-

---

101. O sujeito implícito de "estava a par" continua sendo "a casa de Décimo Bruto", referindo-se, metonimicamente, à família que a habitava.

bio Sanga[102], de cuja proteção a cidade mais fazia uso. Cícero, conhecendo o plano por Sanga, recomenda aos embaixadores que simulem um forte interesse pela conjuração, frequentem os demais, façam muitas promessas, esforcem-se por mantê-los o mais à vista possível.

XLII. 1. Quase na mesma época, havia insurreições na Gália citerior e na ulterior, bem como no território do Piceno, no de Brútio, na Apúlia. 2. O fato é que aqueles que Catilina enviara de antemão faziam tudo a um tempo, irrefletidamente e como que por demência: haviam, com suas reuniões noturnas, transportes de armas e lanças, com sua pressa e completa agitação, provocado mais temor do que real perigo. 3. O pretor Quinto Metelo Céler, apoiado num decreto do Senado emitido depois de uma audiência formal, prendera diversos desse número, assim como fizera Gaio Murena na Gália ulterior, que governava como lugar-tenente.

XLIII. 1. Já em Roma, Lêntulo, com os demais líderes da conjuração, preparados, ao que tudo indicava, com grandes tropas, decidira que, quando Catilina chegasse ao território de Fésulas com seu exército, o tribuno da plebe Lúcio Béstia convocaria uma assembleia popular, faria queixas acerca das medidas de Cícero e atribuiria ao excelente cônsul a odiosidade de uma guerra gravíssima; a esse sinal, na noite seguinte a restante multidão executaria as tarefas atribuídas a cada um. 2. Ora, dizia-se que elas haviam sido assim dividi-

---

102. Patrono da tribo, que fora subjugada em 121 a.C. por um antepassado de Sanga, Quinto Fábio Máximo, por isso mesmo cognominado Alobrógico.

das: Estatílio e Gabínio, com um grande contingente, incendiariam doze lugares estratégicos da cidade, a fim de tornar mais fácil, pelo tumulto, o acesso ao cônsul e aos demais contra quem tramavam; Cetego bloquearia a entrada da casa de Cícero e o atacaria; cada um o faria a uma pessoa diferente, mas os filhos das famílias, a maior parte dos quais pertencia à nobreza, matariam seus pais; a um tempo, mortos todos com a carnificina e o incêndio, irromperiam em direção a Catilina. 3. Em meio a tais preparativos e deliberações, Cetego queixava-se a todo momento da apatia dos aliados: eles teriam, hesitando e adiando, grandes oportunidades esperdiçado; era preciso agir, não deliberar, em meio a perigo tal e, se uns poucos o ajudassem, mesmo que os demais nada fizessem, atacaria a Cúria. 4. De natureza feroz, ardente, de coragem manifesta, via na rapidez o maior bem.

XLIV. 1. Ora, os alóbroges, seguindo as recomendações de Cícero, reúnem os demais na casa de Gabínio. Exigem de Lêntulo, Cetego, Estatílio, bem como de Cássio, um juramento para levarem, selado, a seus concidadãos: de outro modo, não será fácil conseguir persuadi-los a tamanha empresa. 2. Os demais, nada suspeitando, o concedem; Cássio promete em breve ir para lá e deixa a cidade pouco antes dos embaixadores. 3. Lêntulo envia com eles certo Tito Voltúrcio, de Crotona, a fim de que os alóbroges, antes de chegar a sua terra, confirmassem sua aliança com Catilina com oferecimento mútuo de lealdade. 4. Ele próprio entrega a Voltúrcio uma carta para Catilina, cuja cópia é transcrita abaixo: 5. "Ficarás sabendo quem sou por aquele que enviei a ti. Pensa em que calamidade te encontras e lembra-te de que és um homem. Considera o que teus interesses demandam; pede auxílio a todos, mesmo dos mais insignificantes." 6. Além disso, dá ordens oralmente: uma vez considerado inimigo público pelo Senado, qual será o sentido de rejeitar a escravaria? Na cidade, está pronto o que ordenara; que não tarde a se aproximar.

XLV. 1. Tomadas tais medidas e decidida a noite em que partiriam, Cícero, informado de tudo pelos embaixadores, ordena aos pretores Lúcio Valério Flaco e Gaio Pontino que prendam a comitiva dos alóbroges com uma emboscada na ponte Múlvia. Revela inteiramente o motivo de estarem sendo enviados; permite que tomem as demais medidas segundo a necessidade. 2. Eles, homens com experiência no exército, dispondo as guardas sem alvoroço, bloqueiam a ponte secretamente, tal como ordenado. 3. Depois que os embaixadores chegaram àquele local com Voltúrcio e a um tempo fez-se um clamor de ambas as partes, os gauleses, logo conhecendo o plano, entregam-se aos pretores sem demora. 4. Voltúrcio, de início, exorta os demais e defende-se da multidão com o gládio; em seguida, quando foi abandonado pelos embaixadores, fazendo a Pontino várias súplicas por sua salvação, porque era seu conhecido, por fim, temeroso e desesperando de sua vida, rende-se aos pretores como a inimigos.

XLVI. 1. Isso feito, tudo é rapidamente relatado ao cônsul por meio de mensageiros. 2. Porém, grande aflição e alegria o tomaram a um tempo. De fato, alegrava-se ao perceber que, revelada a conjuração, a cidade estava livre de perigo; mas, por outro lado, estava inquieto, ponderando o que deveriam fazer a cidadãos tão importantes, presos por um crime tão terrível; acreditava que era seu dever puni-los, que a impunidade causaria a ruína da República. 3. Então, recobrando a confiança, ordena que se chamem a sua presença Lêntulo, Cetego, Estatílio, Gabínio, bem como Cepário de Terracina, que se preparava para partir para a Apúlia a fim de inflamar a escravaria. 4. Os demais chegam sem demora; Cepário, que partira de casa pouco antes, fugira da cidade ao tomar conhecimento da denúncia. O cônsul em pessoa conduziu Lêntulo ao Senado segurando-o pela mão, por tratar-se de um pretor; ordena aos restantes que acompanhem os guardas até o Templo da Concórdia. 5. Convoca o Senado para lá e, com uma grande afluência dessa Ordem, apresenta Voltúrcio juntamente com os embaixadores; ordena ao pretor Flaco que leve para o mesmo local a caixa com a carta que recebera dos embaixadores.

XLVII. 1. Voltúrcio, interrogado sobre sua viagem, sua carta, por fim, quais eram seus planos ou motivações, de início inventa fatos outros, dissimula a respeito da conjuração; depois, quando se ordenou que falasse com garantia pública de imunidade, revela como tudo havia sido feito, apontando que, cooptado havia poucos dias por Gabínio e Cepário, nada sabia mais do que os embaixadores, apenas ouvira de Gabínio mais de uma vez que Públio Autrônio, Sérvio Sula, Lúcio Vargunteio, além de muitos outros, estavam naquela conjuração. 2. Os gauleses admitem o mesmo e acusam Lêntulo, que dissimulava, pela carta e pelas conversas que costumava ter: segundo os Livros Sibilinos[103], estaria previsto o reinado de Roma a três Cornélios; Cina e Sula antes[104], ele seria o terceiro a quem estava destinado apoderar-se da cidade; de resto, aquele era o vigésimo ano desde o incêndio do Capitólio, o qual, vaticinavam os adivinhos de acordo com os prodígios, seria um ano sangrento em virtude da guerra civil. 3. Então, lida sua carta, depois de todos reconhecerem seu selo, o Senado decide que Lêntulo abdique de sua magistratura e que, do mesmo modo, os demais sejam mantidos sob livre custódia. 4. Assim, Lêntulo é confiado a Públio Lêntulo Espínter, que então era edil, Cetego, a Quinto Cornifício, Estatílio, a Gaio César, Gabínio, a Marco Crasso, Cepário — pois este fora capturado pouco antes, enquanto fugia —, ao senador Gneu Terêncio.

XLVIII. 1. Enquanto isso, revelada a conjuração, a plebe, que, sedenta de revolução num primeiro momento, era totalmente favorável à guerra, muda de opinião, execra os planos de Catilina, exalta Cícero aos céus: como se livre da escravidão, era tomada de contentamento e alegria. 2. De fato, julgava que os demais crimes de guerra lhe trariam mais proveito do que prejuízo, mas considerava que o incêndio seria cruel, desmedido e extremamente calamitoso a si mesma, visto que todos os seus recursos diziam respeito às necessidades cotidianas e aos cuidados do corpo. 3. No dia

---

103. Livros de teor profético atribuídos à Sibila, de uso em rituais expiatórios por parte dos *quindecimviri sacris faciundis*, "quindecínviros encarregados dos rituais sagrados".

104. Lúcio Cornélio Cina, que exercera o consulado de 87 a 84, e Lúcio Cornélio Sula, que fora ditador de 82 a 79.

seguinte, fora levado ao Senado certo Lúcio Tarquínio, que, diziam, teria sido capturado em viagem, quando partia em direção a Catilina. 4. Ele, prometendo fazer revelações acerca da conjuração se lhe fosse concedida a garantia pública de imunidade, recebe do cônsul a ordem de dizer o que sabe e informa o Senado praticamente do mesmo que Voltúrcio acerca dos incêndios que se aprestavam, do massacre dos bons cidadãos, da marcha dos inimigos; além disso, que fora enviado por Marco Crasso para anunciar a Catilina que não o atemorizasse a captura de Lêntulo, Cetego e os demais da conjuração, mas que, por isso mesmo, se apressasse ainda mais por chegar à cidade, a fim de elevar novamente o moral dos demais e mais fácil tirar os primeiros de perigo. 5. Porém, quando Tarquínio mencionou Crasso, um homem nobre, de enormes riquezas, extrema influência, alguns consideraram o caso indigno de crédito, parte, embora o julgasse verdadeiro, por lhe parecer que em tais circunstâncias cumpria antes abrandar que provocar o enorme poder daquele homem, a maioria, devedora a Crasso por negócios particulares, conclamam que a denúncia é falsa e solicitam que se submeta o caso a deliberação. 6. Assim, consultado por Cícero, o Senado em peso decide que a denúncia de Tarquínio parecia falsa, que ele deveria ser mantido sob custódia, não tendo mais a possibilidade de fazê-la, a não ser que delatasse aquele que o mandara inventar um fato tão grave. 7. Houve, naquela época, quem julgasse que aquilo fora maquinado por Públio Autrônio para que, no caso de se acusar Crasso, ficasse mais fácil, com sua influência, proteger os demais com sua cumplicidade. 8. Outros afirmavam que Tarquínio fora instigado por Cícero, a fim de que Crasso não perturbasse a ordem pública ao assumir, como era seu costume, a defesa de homens desonestos. 9. Eu ouvi o próprio Crasso afirmar em público, posteriormente, que aquela terrível injúria fora-lhe imputada por Cícero.

XLIX. 1. Ora, na mesma época, Quinto Cátulo e Gaio Pisão não conseguiram persuadir Cícero, fosse por pedidos, favor ou dinheiro, a que se implicasse Gaio César injustamente por meio dos alóbroges ou de outro delator. 2. De fato, ambos nutriam por ele uma forte inimizade: Pisão, atacado, durante um processo de extorsão, pela execução ilegal de um transpadano, Cátulo, abrasado de ódio por sua candidatura ao pontificado, porque, apesar de sua idade avançada, de suas grandes honrarias, saíra derrotado pelo jovem César. 3. A situação parecia oportuna porque este, em virtude de sua célebre prodigalidade no âmbito privado, de seus enormes encargos no público, devia uma grande soma de dinheiro. 4. Porém, quando não conseguem persuadir o cônsul a crime tão grave, cerceando pessoa por pessoa e inventando o que afirmavam ter ouvido de Voltúrcio e dos alóbroges, suscitam grande ódio contra ele, a tal ponto que alguns cavaleiros romanos, que por segurança estavam armados ao redor do Templo da Concórdia, impelidos pela grandeza do perigo ou pela volubilidade de seu caráter, ameaçaram César com o gládio quando deixava o Senado, a fim de que ficasse mais evidente o seu zelo pela República.

L. 1. Enquanto isso se passa no Senado e se decidem as recompensas para os embaixadores dos alóbroges e Tito Voltúrcio, uma vez que se comprovara sua denúncia, os libertos e alguns dos clientes de Lêntulo, por ruas diversas, aliciavam, nos vários bairros da cidade, os artesãos e a escravaria a fim de o libertarem; outra parte procurava os chefes dos bandos, que costumavam agitar a ordem pública mediante pagamento. 2. Já Cetego, por mensageiros, instava à audácia seus escravos e libertos seletos e experientes, para que, agrupados e com armas, forçassem caminho até ele. 3. Quando conhece tais preparativos, o cônsul dispõe guarnições tal como a ocasião e as circunstâncias pediam, convoca o Senado e submete a deliberação as medidas que cabia tomar em relação aos que haviam sido postos sob custódia. Mas pouco antes o Senado em peso julgara que eles haviam agido contra a República. 4. Então Décimo Silano, o primeiro a quem se solicitou o parecer, por ser na época cônsul designado, propusera a pena capital para os que eram mantidos sob custódia e, além disso, para Lúcio Cássio, Públio Fúrio, Públio Umbreno, Quinto Ânio, caso fossem capturados; depois, influenciado pelo discurso de Gaio César, afirmara que votaria pela proposta de Tibério Nero, que julgara que se devia aumentar o número de guarnições antes que o caso fosse submetido a deliberação. 5. Ora, César, quando chegou sua vez e o cônsul solicitou seu parecer, falou palavras do seguinte teor:

LI. 1. — A todos os homens, senhores senadores, que deliberam acerca de questões incertas, cumpre estarem isentos de ódio, amizade, de ira ou misericórdia. 2. Não é fácil à mente discernir a verdade quando tais emoções a impedem, nem pessoa alguma obedece, a um tempo, à paixão e à utilidade. 3. Quando se emprega a inteligência, ela tem força; se a paixão toma conta, passa a comandar — não tem a mente força alguma[105]. 4. Poderia facilmente rememorar, senhores senadores, as decisões errôneas que reis e povos tomaram movidos por ira ou misericórdia; prefiro, porém, mencionar o que nossos antepassados fizeram correta e ordenadamente, contra a paixão que sentiam. 5. Durante a guerra da Macedônia, que travamos contra o rei Perses[106], a cidade de Rodes, grandiosa e magnífica, que crescera com a ajuda do povo romano, mostrou-se desleal e hostil a nós. Depois da guerra, porém, quando se deliberou acerca dos rodienses, nossos antepassados, para que não se dissesse que a guerra começara antes por riquezas que por injúria, deixaram-nos partir impunes. 6. Do mesmo modo, durante todas as guerras púnicas, embora não raro os cartagineses, tanto na paz como durante as tréguas, cometessem inúmeros crimes abomináveis, nunca nossos antepassados cometeram tais atos, ainda que houvesse ocasião: buscavam antes o que era digno de si próprios que possíveis ações legítimas contra aqueles. 7. Do mesmo modo, senhores senadores, cumpre-vos cuidar para que o crime de Públio Lêntulo e dos demais não tenha, junto a vós, mais valor do que vosso prestígio, e para que não leveis em conta antes a ira que a reputação. 8. De fato, se encontramos uma pena digna, de acordo com suas ações,

---

105. As palavras de César ecoam as do prefácio de Salústio, tanto pelo vocabulário como pela ênfase no uso da razão.

106. De 171 a 168.

aprovo esta proposta excepcional[107]; porém, se a magnitude do crime supera toda imaginação, considero que se deve fazer uso das penas que são previstas pelas leis. 9. A maior parte dos que deram seu parecer antes de mim compadeceu-se da desgraça da República de maneira elaborada e magnífica. Enumeraram qual seria a crueldade da guerra, o que aconteceria aos vencidos: virgens, meninos raptados, filhos arrancados do abraço dos pais, mães de família sofrendo o que aprouvesse aos vencedores; templos e casas espoliados; massacres, incêndios; por fim, tudo ficaria repleto de armas, cadáveres, de sangue e dor[108]. 10. Mas, pelos deuses imortais, a que visava tal discurso? Tornar-vos hostis à conjuração? É claro que quem não foi movido por fato tamanho e tão atroz será incendiado por esse discurso![109] 11. Não é o caso, nem, a qualquer dos mortais, as injúrias sofridas parecem pequenas: muitos as recebem de modo mais grave do que é justo. 12. Mas a cada um cabe uma licença diferente, senhores senadores. Se homens de baixa condição, que passam a vida na obscuridade, cometem algum delito em virtude da cólera, poucos ficam sabendo: igualam-se em reputação e fortuna. Aqueles que, dotados de grande poder, passam a vida

---

107. Excepcional porque ilegal, já que, tecnicamente, apenas o povo tinha o direito de decidir pela pena capital de cidadãos romanos. Cf. Ramsey (2007) *ad locum* para contextualização e referências.

108. Depreende-se que se trataria de discursos de forte apelo às paixões.

109. César procura, pela ironia, desfazer o efeito emocional causado pelos discursos dos senadores que o antecederam.

numa posição elevada, todos os mortais conhecem seus atos. 13. Assim, na maior fortuna há a menor licença: cumpre não favorecer ou odiar, muito menos irar-se. 14. O que entre os outros chama-se cólera, no poder é denominado soberba e crueldade. 15. De minha parte, senhores senadores, considero que qualquer suplício é menor do que seus atos. Mas a maioria dos mortais lembra-se do que vem por último e, tratando-se embora de homens ímpios, esquecida de seu crime, questiona o castigo, se um pouco mais severo. 16. Sei bem que Décimo Silano, bravo e corajoso varão, disse o que acaba de dizer por amor à República, e que, numa crise tão grave, não dá vazão a favores ou inimizades: conheço o caráter e a moderação desse homem. 17. Sua proposta, contudo, não me parece cruel — pois o que pode acontecer de cruel a tais homens? —, mas contrária aos interesses de nossa República. 18. Pois foi claramente o medo ou a injúria que fizeram que tu, Silano, cônsul designado, propusesses um tipo de castigo excepcional. 19. Do temor é desnecessário tratar, sobretudo quando, pela diligência do nosso ilustríssimo cônsul[110], tão grandes são as nossas defesas em armas. 20. Quanto ao castigo, posso de minha parte dizer o que se passa na realidade: na dor e nas misérias, a morte é um descanso dos sofrimentos, não um suplício; ela cura todos os males dos mortais; do outro lado não há lugar para

---

110. César refere-se a Cícero, que ficara em Roma para aprestar as defesas da cidade (cf. 36.3).

inquietude ou alegria[111]. 21. Ora, pelos deuses imortais, por que razão não acrescentaste a tua proposta que primeiro sofressem castigos corporais? 22. Será porque a lei Pórcia[112] o proíbe? Mas as outras leis, igualmente, ordenam que não se tire a vida de cidadãos condenados, mas que se lhes conceda o exílio. 23. Será porque é mais grave ser açoitado do que morto? Mas o que é cruel ou grave demais contra homens condenados por tamanho crime? 24. Porém, se é por ser muito brando, de que modo convém temer a lei numa questão de pouca monta, quando a desprezamos numa de maior importância? 25. 'Mas quem criticará que se tenha tomado uma decisão contra os parricidas da República?'[113] O tempo, os dias, a fortuna, cujo capricho governa os povos. Receberão merecidamente o que quer que lhes aconteça; 26. no entanto, considerai o que vós, senhores senadores, haveis de decidir contra os outros. 27. Todos os maus precedentes nasceram de situações favoráveis. Ora, quando o poder chega a homens ignorantes ou não tão honestos, aquele precedente inusitado passa de homens dignos e idôneos a indignos e não idôneos. 28. Os lacedemônios, depois de vencer os atenienses, impuseram-lhes trinta homens para governar

---

111. O argumento de César é de teor epicurista. Ernout (1996: 105, n. 2), aponta sua semelhança com o pensamento de Lucrécio, 3.830 ss.

112. Lei que protegia os cidadãos de castigos corporais infligidos por magistrados. Cf. a excelente nota de Ramsey (2007) *ad locum* para contextualização e referências.

113. César antecipa e refuta um contra-argumento.

sua república[114]. 29. De início eles começaram a matar sem julgamento os mais perversos e odiados por todos — o povo se alegra com isso e afirma ter acontecido merecidamente. 30. Depois, conforme a licença foi aos poucos crescendo, assassinam igualmente os bons e os maus por capricho, aterrorizam os demais pelo medo. 31. Assim, a cidade, esmagada pela escravidão, sofreu graves castigos por sua estúpida alegria. 32. Em nossa época, quando Sula, vencedor, mandou degolar Damasipo[115] e outros da mesma estirpe que haviam prosperado com a desgraça da República, quem havia que não louvasse seu ato? Afirmavam que homens criminosos e violentos, que haviam perturbado a ordem pública com sedições, haviam sido mortos merecidamente. 33. Porém, esse fato foi o início de um grande massacre. Com efeito, tão logo se desejava uma casa ou vila, enfim, o vaso ou a veste de alguém, esforçava-se para que tal pessoa fosse incluída entre os proscritos[116]. 34. Assim, aqueles a quem a morte de Damasipo fora fonte de alegria eram, pouco tempo depois, eles mesmos arrastados, e a degola só teve fim depois que Sula cobriu todos os seus de riquezas. 35. E, contudo, não temo tais coisas da parte de Cícero ou nesta época; mas, numa

---

114. Os chamados "Trinta Tiranos".

115. Pretor em 82, marianista, assassino de diversos simpatizantes de Sula, foi executado por este depois de ser capturado na batalha de Porta Colina, em novembro daquele ano.

116. Esse é o pano de fundo da *Defesa de Sexto Róscio de Améria*, realizada por Cícero em 80, em que o Arpinate atribui a certo Crisógono, um liberto de Sula, a atitude descrita aqui por César: a inserção criminosa do pai de Sexto Róscio na lista de proscritos, com vistas à apropriação indébita de seus bens.

grande cidade, muitas e variadas são as índoles. 36. É possível que em outra ocasião, sob outro cônsul, que tenha, do mesmo modo, um exército sob seu poder, algo falso seja tomado por verdade. Quando, com este precedente, um cônsul desembainhar o gládio por decisão do Senado, quem lhe estabelecerá um fim ou quem lhe porá medida?[117] 37. Nossos antepassados, senhores senadores, jamais careceram de determinação ou audácia, nem a soberba impedia que imitassem as instituições alheias, contanto que fossem honestas. 38. Tomaram as armas de defesa e ataque aos samnitas, as insígnias dos magistrados, em sua maioria, aos etruscos; enfim, aquilo que em qualquer parte, entre aliados ou inimigos, consideravam idôneo, seguiam-no com extremo ardor em Roma; preferiam imitar a odiar os bons. 39. Porém, na mesma época, imitando o costume da Grécia, infligiam castigos corporais a cidadãos, aplicavam o sumo suplício aos condenados. 40. Depois que a República se desenvolveu e, em virtude do grande número de cidadãos, reinavam as facções, passaram a oprimir os inocentes, a acontecer outras coisas tais. Então se prepararam a lei Pórcia e outras leis, leis[118] pelas quais foi concedido o exílio aos condenados. 41. Considero sobre-

---

117. Ramsey (2007) *ad locum* vê nesta observação uma alusão de Salústio à tomada de poder de Otaviano, em agosto de 43. Se tal é o caso, o efeito de ironia é duplo, por se tratar do filho adotivo de César — nascido em 63, junto com o precedente do Senado! — e pelo fato de o próprio César ter ele mesmo desembainhado o gládio, embora não com o aval do Senado, mas justamente contra o Senado, na guerra civil. Em ambos os casos ninguém foi capaz de lhes estabelecer um fim ou pôr medida.

118. A repetição enfática é do original.

tudo este um grande motivo, senhores senadores, para não tomarmos uma decisão excepcional. 42. É evidente que tinham maior valor e sabedoria aqueles que com parcos recursos criaram um domínio tão grande, do que nós, que mal conseguimos sustentar tão belas conquistas. 43. Decidiremos, então, libertá-los e aumentar o exército de Catilina? De forma alguma. Mas sou do seguinte parecer: seu dinheiro deve ser confiscado, eles próprios devem ser mantidos sob custódia pelos municípios de maiores recursos, para que ninguém, posteriormente, consulte o Senado ou debata com o povo a seu respeito; aquele que agir diferentemente, o Senado julga que agirá contra a República e a segurança geral.

LII. 1. Depois que César terminou seu discurso, os demais puseram-se a concordar verbalmente com um ou outro, de maneira diversa. Porém, Marco Catão, consultado acerca de sua proposta, proferiu um discurso do seguinte teor:

2. — Meu pensamento é bastante diferente, senhores senadores, quando considero a situação e os nossos riscos e quando examino em meu íntimo as propostas de alguns. 3. Parecem-me ter feito uma exposição acerca do castigo dos que prepararam guerra contra a pátria, os pais, os altares e os Lares; a situação, porém, sugere antes que nos acautelemos deles que delibere-mos sobre o que decidir contra eles. 4. De fato, podemos nos vingar dos demais crimes no momento em que os cometem; quanto a este, se não impedirmos que ocorra, quando acontecer, em vão imploraremos por julgamentos: tomada a cidade, nada resta aos vencidos. 5. Ora, pelos deuses imortais, eu me dirijo a vós, que

sempre tivestes muito mais apreço por vossas casas, vilas, estátuas, pinturas do que pela República[119]. Se desejais manter essas coisas que abraçais, seja qual for sua natureza, se pretendeis dedicar o ócio a vossos prazeres, acordai de uma vez e apoderai-vos da República! 6. Não se trata de impostos ou de injúrias cometidas por aliados: a liberdade e nossa vida estão em jogo[120]. 7. Inúmeras vezes, senhores senadores, fiz longos discursos nesta Ordem[121]; não raro me queixei do luxo e da ganância de nossos cidadãos, e por isso tenho muitos mortais como inimigos. 8. Jamais tendo concedido a complacência de qualquer delito a mim e a meu ânimo, não perdoava facilmente as faltas à paixão de um outro[122]. 9. Ora, embora tivésseis tais fatos em pouca consideração, a República estava segura: a opulência suportava a negligência. 10. Agora, porém, o que está em questão não é se vivemos segundo bons ou maus costumes, nem o tamanho ou a grandiosidade do domínio do povo romano, mas se estes, como quer que nos pareçam, caberão a nós ou a nossos inimigos junto conosco[123]. 11. Aqui alguém me vem falar de brandura e

---

119. Tal como acontece no discurso de César, as palavras de Catão também ecoam as de Salústio, desta vez na digressão moral de 6–13.

120. Se o discurso de César primou pelo aspecto racional, o de Catão primará pelo apelo às paixões.

121. Ou seja, a Ordem senatorial.

122. Catão busca conferir credibilidade a seu discurso fazendo uso de sua autoridade, assentada na postura moral que tem caracterizado sua vida e sua carreira.

123. A principal paixão que Catão tenta incutir em seus colegas senadores é o medo. Para tal, procura passar a ideia de premência da resolução imediata da situação. César, em contrapartida, argumen-

misericórdia?[124] Já há muito, sem dúvida, perdemos os vocábulos adequados às coisas: é por se chamar a dilapidação dos bens alheios de generosidade, a ousadia em más ações, de bravura, que a República está à beira do abismo. 12. Sejam, concedo, uma vez que é essa a tradição, generosos com as fortunas dos aliados; tenham misericórdia dos ladrões do erário; mas que eles não prodigalizem nosso sangue e, enquanto poupam uns poucos criminosos, venham arruinar a todos os homens honestos. 13. Gaio César, há pouco, discursou bem e com arte, nesta Ordem, acerca da vida e da morte, julgando falso, creio eu, o que se conta das regiões infernais: que os maus, seguindo caminho diverso dos bons, deparam com lugares hediondos, repugnantes, terríveis e temíveis. 14. Assim, considerou que o dinheiro deles deve ser confiscado, que eles devem ser mantidos sob custódia pelos municípios, sem dúvida por temor de que, estando em Roma, sejam libertados à força pelo cúmplices da conjuração ou pela multidão reunida: 15. como se, na verdade, existissem homens desonestos e criminosos apenas na Urbe e não por toda a Itália, ou se a audácia não tivesse mais poder quando os recursos para defesa são menores. 16. Por isso, não há dúvida de

---

tara racionalmente que não precisava sequer mencionar a questão do medo, dadas as providências tomadas por Cícero (51.19).

124. A ironia desta observação não terá escapado aos leitores contemporâneos de Salústio: César, após a vitória na guerra civil, adotara a política de misericórdia para com os vencidos. Catão, porém, recusara-se a sujeitar-se ao ditador, preferindo o suicídio. Aqui temos um caso análogo: a recusa de Catão em aceitar a política de misericórdia de César.

que este conselho é vão se teme algum perigo da parte deles; se, em meio a tamanho temor generalizado, apenas ele não tem medo, tanto mais é importante que eu tema por mim e por vós[125]. 17. Por isso, ao decidirdes a respeito de Públio Lêntulo e dos demais, tende certeza de que ao mesmo tempo estais tomando uma decisão a respeito de Catilina e de todos os conjurados. 18. Quanto mais atentamente o fizerdes, mais debilitada ficará sua coragem; se virem que fraquejais apenas um pouco, atacarão já, todos, com ferocidade. 19. Não julgueis ter sido pela armas que nossos antepassados tornaram grande a República, de pequena que era. 20. Se assim fosse, nós a teríamos muito mais bela, uma vez que possuímos maior abundância de aliados e cidadãos, bem como de armas e cavalos, do que eles. 21. Mas outras foram as razões que os tornaram grandes, que em absoluto não temos: internamente a indústria, no exterior um justo domínio, ânimo livre para deliberar, não sujeito a delito ou paixão. 22. Em lugar disso temos o luxo e a ganância, no âmbito público, a pobreza, no privado, a opulência; louvamos as riquezas, buscamos a inação; não há diferença alguma entre honestos e desonestos; a ambição tomou posse de todos os prêmios que cabiam à virtude[126]. 23. E não é de admirar: quando cada um de vós assume uma conduta separadamente, quando em casa sois escravos dos prazeres, aqui, do dinheiro e dos favores, por isso acontece que se ataque

---

125. Catão parece sugerir que a falta de medo de César seria um indício de seu envolvimento na conjuração.

126. Novo eco das ideias morais do prefácio e da digressão moral.

uma República vazia. Mas deixo isso de lado. 24. Mui nobres cidadãos conjuraram incendiar a pátria; convocam à guerra o povo gaulês, inimicíssimo do nome romano; o chefe dos inimigos avança sobre nossas cabeças com seu exército: 25. vós estais ainda agora indecisos e não sabeis o que fazer a cidadãos capturados dentro da cidade? 26. Tende compaixão, eis o que penso[127]: homens bastante jovens cometeram um delito por ambição; e libertai-os armados, inda por cima; 27. que essa vossa brandura e misericórdia não se transforme em miséria, se pegarem em armas! 28. Evidentemente a questão em si é espinhosa, mas vós não a temeis. Espinhosa demais, na verdade; mas, por inércia e fraqueza, hesitais, um esperando o outro, certamente fiados nos deuses imortais, que não raro salvaram esta República em meio a seus maiores perigos. 29. Não é com votos ou súplicas mulheris que se granjeia a ajuda dos deuses: pela vigília, pela ação, pela boa deliberação é que tudo tem bom êxito. Quando nos entregamos à indolência e à apatia, em vão imploramos aos deuses — eles estão irados e hostis. 30. Entre nossos antepassados, Aulo Mânlio Torquato, durante a guerra da Gália, mandou matar seu filho porque lutara contra o inimigo desobedecendo a uma ordem, 31. e aquele ilustre jovem de desmedida bravura foi punido com a morte[128]; 32. vós não sabeis o que decidir a respeito de parricidas cruéis ao extremo?

---

127. Catão distorce e ironiza a posição de César.

128. Leia-se, a respeito, o relato de Tito Lívio, 8.7.1. O *praenomen* de Torquato seria Tito, não Aulo. Ernout (1996: 113, n. 1) bem observa que o episódio mencionado por Salústio não aconteceu na guerra contra os gauleses, mas contra os latinos.

33. Sem dúvida suas vidas pregressas vão contra este crime. Na verdade, poupai o prestígio de Lêntulo, se ele mesmo alguma vez poupou o pudor, se poupou sua reputação, se poupou os deuses ou qualquer homem; perdoai a juventude de Cetego, caso não tenha feito guerra contra a pátria uma segunda vez. 34. O que direi de Gabínio, Estatílio, Cepário? Se tivessem tido alguma consideração, não teriam tomado tais decisões a respeito da República. 35. Por fim, senhores senadores, se, por Hércules, houvesse lugar para erro, facilmente sofreria que fôsseis corrigidos pelos fatos, uma vez que desprezais as palavras. Mas estamos cercados por todos os lados; Catilina ameaça nossas gargantas com seu exército; há outros inimigos dentro das muralhas e no seio da cidade, não é possível fazer quaisquer preparativos ou deliberações secretamente: um motivo a mais para ter pressa. 36. Por isso, meu parecer é o seguinte: uma vez que a República foi posta em enorme perigo pelo desígnio abominável de cidadãos criminosos e eles foram condenados por denúncia de Tito Voltúrcio e dos embaixadores alóbroges, confessando haver preparado massacres, incêndios e outros crimes terríveis e cruéis contra os cidadãos e a pátria, como se pegos em flagrante delito de crime capital, deve-se aplicar, segundo a tradição ancestral, a pena de morte.

LIII. 1. Depois que Catão se sentou, todos os consulares e, do mesmo modo, grande parte do Senado, elogiam sua proposta, exaltam aos céus sua bravura, censuram uns aos outros de covardes. Catão é considerado ilustre e grandioso; aprova-se o decreto do Senado tal como julgara. 2. Ora, quanto a mim, que muito li, muito ouvi sobre as façanhas que o povo romano realizou na paz como na guerra[129], em mar e em terra, calhei de achar por bem observar que fatores sobretudo contribuíram para que se sustentassem tamanhas empresas. 3. Sabia que inúmeras vezes lutara com um pequeno contingente contra grandes legiões de inimigos; tomara conhecimento de que guerras haviam sido travadas com pequenas tropas contra reis opulentos; que, além disso, não raro suportara a violência da fortuna; que pela eloquência os gregos estavam à frente dos romanos, pela glória de guerra, os gauleses. 4. E para mim, que muito refletia, era evidente que o egrégio valor de uns poucos cidadãos levara tudo a cabo, e por isso acontecera que a pobreza superasse as riquezas, que um pequeno número vencesse uma multidão. 5. Porém, depois que a Urbe foi corrompida pelo luxo e pela indolência, a República, retrocedendo, passou a sustentar os vícios de comandantes e magistrados com sua grandeza e, como se estivesse esgotada pelo parto, em muitas ocasiões não houve uma única pessoa sequer, em Roma, de grande virtude. 6. Ora, segundo me lembro, houve dois homens de enorme virtude, de caráter diverso, Marco Catão e Gaio César. Uma vez que o tema os apresentara, decidi não deixar que passassem em silêncio[130], re-

---

129. Ao apontar o seu amplo uso de fontes orais e escritas, Salústio reforça sua autoridade de historiador.

130. Baker (1982), pp. 801–802, chama a atenção para o mesmo uso ambivalente, ativo e passivo, de *silentio* que observamos no prefácio (1.1): neste caso, é passivo no que concerne a César e Catão, ativo no que concerne a Salústio.

velando, na medida de meu engenho, a natureza e o caráter de um e outro[131].

LIV. 1. Então, eram de estirpe[132], idade[133], eloquência[134] quase iguais; semelhante era a magnanimidade, igualmente a glória, mas em cada um de um tipo diferente. 2. César era considerado grandioso pelos benefícios e pela generosidade; pela integridade de sua vida, Catão. Aquele tornou-se célebre pela brandura e misericórdia, a este a severidade conferira dignidade. 3. César conquistou a glória distribuindo, ajudando, perdoando, Catão, nada prodigalizando. Num havia o refúgio dos miseráveis, no outro, a ruína dos maus. Louvavam-se a afabilidade daquele, a constância deste. 4. Por fim, César decidira-se pelo labor, pela vigília, pela atenção aos negócios dos amigos em negligência dos seus, pela não recusa do que merecesse ser concedido; buscava um grande comando, um exército, uma nova guerra onde seu valor pudesse brilhar. 5. Catão, por outro lado, tinha um grande desejo de moderação, de glória, mas, sobretudo, de severidade. 6. Não disputava em riquezas com o rico, nem em violência com o violento, mas em valor com o bravo, em pudor com o modesto, em desinteresse com o inocente. Preferia ser a parecer bom;

---

131. Na síncrise do capítulo seguinte.

132. César pertencia à *gens Iulia*, família patrícia que remetia seus ancestrais a Iulo, filho de Eneias, e, em última instância, à Vênus, mãe deste; Catão pertencia à *gens Porcia*, linhagem plebeia.

133. César nascera em 100, Catão, em 95.

134. Conforme demonstram os discursos que acabam de ser reportados (embora se trate de reconstruções verossímeis, é claro, escritas segundo o *modus scribendi* de Salústio.)

assim, quanto menos buscava a glória, tanto mais ela o seguia.

LV. 1. Depois que, como disse, o Senado acatou a proposta de Catão, o cônsul, considerando que o melhor a fazer era aproveitar a noite que avançava para que não ocorresse alguma mudança naquele intervalo, manda preparar os triúnviros que a pena exigia[135]; 2. ele em pessoa, depois de dispor as guardas, conduz Lêntulo ao cárcere; os pretores fazem o mesmo com os demais. 3. Há um lugar no cárcere, quando se sobe à esquerda, que é chamado Tuliano[136], rebaixado cerca de doze pés no solo. 4. Protegem-no paredes de todos os lados e, por cima, uma abóbada ligada por arcos de pedra; mas seu aspecto é repugnante e terrível em virtude do desmazelo, da escuridão, do odor. 5. Depois que Lêntulo foi enviado a esse local, os algozes dos crimes capitais, conforme lhes fora ordenado, estrangularam-no. 6. Dessa forma, aquele patrício da ilustríssima família dos Cornélios, que detivera o poder consular em Roma[137], encontrou, para sua vida, uma ruína digna de seu caráter e seus feitos. A Cetego, Estatílio, Gabínio, Cepário, aplicou-se igualmente o castigo.

---

135. Trata-se dos *tresviri capitales*, "triúnviros capitais", responsáveis pela segurança de Roma e pela execução das penas capitais, como sugere seu próprio título.

136. Localizado originalmente no Fórum Romano, hoje o Tuliano encontra-se embaixo da Igreja de San Giuseppe dei Falegnami, construída no século XVI.

137. Lêntulo fora cônsul menos de uma década antes da conjuração, em 71, juntamente com Gneu Aufídio Orestes.

LVI. 1. Enquanto isso ocorre em Roma, Catilina forma duas legiões com o contingente que levara em pessoa e que Mânlio obtivera; preenche as coortes de acordo com o número de soldados[138]. 2. Em seguida, conforme cada um, voluntário ou do número dos aliados, chegara ao acampamento, distribuíra-os uniformemente e logo preenchera as legiões com o número de homens, embora de início não tivesse mais que dois mil. 3. Ora, de todo o contingente, cerca da quarta parte estava preparada com armas regulares do exército; os demais, segundo o acaso armara cada um, portavam venábulos ou lanças, outros, dardos pontiagudos. 4. Mas depois que Antônio começou a se aproximar com seu exército, Catilina marcha pelas montanhas; desloca seu acampamento ora na direção da Urbe, ora na da Gália; não concede aos inimigos a oportunidade de lutarem: tinha a esperança de logo dispor de grandes tropas, se em Roma os aliados levassem os planos a cabo. 5. Entrementes, repudiava a escravaria (da qual grandes multidões, de início, acorriam a ele), confiante nos recursos da conjuração, julgando, ao mesmo tempo, que pareceria estranho a seus interesses misturar a causa de cidadãos a escravos fugitivos[139].

LVII. 1. Mas depois que um mensageiro chegou ao acampamento anunciando que em Roma a conju-

---

138. No final da República, cada legião era composta de 4800 homens, divididos em 10 coortes, compostas, cada uma, de 6 centúrias de 80 homens.

139. Ou seja, fazer uso de escravos fugitivos tiraria de Catilina a pretensa legitimidade de sua causa, revelando suas intenções tirânicas.

ração fora descoberta, que a pena de morte fora aplicada a Lêntulo, Cetego e aos demais que citei acima, a maior parte, que havia sido atraída para a guerra pela esperança de pilhagens ou pelo desejo de revolução, dispersa-se; Catilina conduz os demais para o território de Pistório[140] em grandes marchas por montanhas escarpadas, com a finalidade de fugir secretamente, por atalhos, para a Gália Transalpina. 2. Mas Quinto Metelo Céler defendia o território do Piceno com três legiões, por julgar que, dada a dificuldade da situação, Catilina faria exatamente aquilo que mencionamos acima. 3. Então, quando soube de sua marcha por desertores, levantou rapidamente acampamento e tomou posição nos próprios sopés das montanhas, por onde Catilina descia apressadamente para a Gália. 4. E, contudo, Antônio, desobstruído, dada a planura do terreno, não estava muito distante, visto que o seguia, durante sua fuga, com um grande exército. 5. Ora, Catilina, tão logo percebe estar cercado pelas montanhas e pelas tropas de inimigos, a situação desfavorável em Roma, nenhuma esperança de fuga ou defesa, considerando que o melhor a fazer em tal situação era tentar a fortuna na guerra, decidiu combater com Antônio o quanto antes. 6. Assim, convocando uma assembleia, proferiu um discurso do seguinte teor:

LVIII. 1. — Estou convencido, soldados, de que palavras não aumentam a bravura, e de que o discurso de um comandante não faz um exército passar de indolente a incansável, ou de covarde a corajoso. 2. Quanta

---

140. Atual Pistoia.

audácia há no ânimo de cada um por natureza e caráter costuma ficar evidente na guerra. Aquele a quem nem a glória, nem os riscos inflamam, em vão se exortaria; o temor em seu ânimo obstrui seus ouvidos. 3. Mas eu vos convoquei para vos advertir brevemente e, ao mesmo tempo, revelar a motivação de meus desígnios. 4. Sem dúvida sabeis, soldados, quanta ruína a apatia e a falta de coragem de Lêntulo trouxeram a ele próprio e a nós, e de que modo, enquanto aguardo defesas da cidade, não pude partir para a Gália. 5. Agora, na verdade, todos sabeis, junto comigo, em que pé está a nossa situação. 6. Dois exércitos de inimigos, um da cidade, outro da Gália, nos bloqueiam. A carência de grãos e demais suprimentos nos impede de ficar mais tempo neste local, por mais que nosso ânimo o suporte[141]. 7. Para onde quer que se decida ir, o caminho terá de ser aberto a ferro. 8. Por isso vos aconselho que sejais bravos e dispostos e, ao entrar em combate, que vos lembreis que portais as riquezas, a honra, a glória, bem como a liberdade e a pátria, em vossas destras. 9. Se vencemos, tudo estará seguro para nós; as vias em grande número, os municípios e as colônias se abrirão. 10. Se cedermos ao medo, essas mesmas coisas nos serão adversas, nem lugar ou amigo algum protegerá a quem as armas não protegerem. 11. De resto, soldados, não pesa a mesma necessidade sobre nós e eles: nós lutamos pela pátria, pela liberdade, pela vida; para eles, é inútil lutar pelo poder de uma minoria. 12. Por isso, avançai com bastante audácia, lembrados de vosso antigo valor. 13. Era-vos

---

141. Cf. 5.3.

possível passar a vida com extrema torpeza no exílio; alguns de vós podíeis, em Roma, livrando-se dos bons cidadãos, esperar os recursos alheios. 14. Por tais ações parecerem terríveis e intoleráveis a homens de verdade, decidistes seguir este caminho. 15. Se quereis deixá-lo para trás, é preciso audácia; ninguém, senão o vencedor, troca a guerra pela paz. 16. De fato, ter esperança de salvação na fuga, depois de se afastarem dos inimigos as armas com que se protege o corpo — isso é realmente demência[142]. 17. Sempre, em combate, enfrentam maior perigo os que mais temem; a audácia é considerada uma muralha. 18. Quando vos observo, soldados, e quando considero vossos feitos, toma-me uma grande esperança de vitória. 19. Vosso ânimo, vossa idade, vosso valor me encorajam, para não falar da necessidade, que mesmo os covardes torna corajosos. 20. De fato, a estreiteza deste lugar impede que um grande número de inimigos nos possa cercar. 21. Por isso, se a Fortuna invejar vosso valor, cuidai para não perderdes a vida sem vingança, e para que não sejais trucidados como gado, depois de capturados, antes que, combatendo à maneira de homens de verdade, deixeis aos inimigos uma vitória sangrenta e dolorosa. LIX. 1. Assim que disse tais palavras, depois de aguardar por um breve momento, ordena que se deem os sinais e conduz as fileiras ordenadas a um terreno plano. Então, afastando todos os cavalos, a fim de que os soldados, pelo perigo igualado, tivessem maior coragem, ele próprio, a pé, or-

---

142. Como se depreende de 61.3, Catilina conseguiu persuadir os soldados a não fugirem.

dena o exército de acordo com o terreno e as tropas. 2. De fato, como havia uma planície entre os montes à esquerda e um rochedo escarpado à direita, posta oito coortes na linha de frente, dispõe em formação mais cerrada os estandartes das demais como reserva. Leva os seus centuriões, todos eles seletos e veteranos, além dos mais bem armados soldados rasos, à primeira fileira. Ordena a Gaio Mânlio que se encarregue do flanco direito, a um fesulano, do esquerdo: ele mesmo, junto com os libertos e colonos, posiciona-se diante do estandarte que, segundo se dizia, Gaio Mário mantinha em seu exército na guerra contra os cimbros. 4. Do outro lado, no entanto, Gaio Antônio, sofrendo de gota, impossibilitado de participar do combate, confia seu exército ao lugar-tenente Marco Petreio[143]. 5. Este posiciona na linha de frente as coortes veteranas que recrutara em virtude da insurreição; depois delas, o restante do exército, como reserva. Ele em pessoa, flanqueando-os a cavalo, chama cada um pelo nome, encoraja-os, roga que se lembrem de que lutam pela pátria, pelos filhos, pelos altares e Lares contra bandidos desarmados. 6. Homem com experiência militar, porque estivera, com grande glória, por mais de trinta anos no exército, como tribuno, comandante, lugar-tenente ou pretor, conhecia pessoalmente a maioria de seus homens e seus bravos feitos; rememorando-os, inflamava os âni-

---

143. Como bem observam os comentadores, segundo o relato do historiador Dião Cássio (37.39.4), a gota teria sido usada como pretexto para que Antônio não tivesse de enfrentar Catilina, seu antigo aliado, que poderia recriminá-lo e revelar sua participação na conjuração. Cf. 21.3.

mos dos soldados. LX 1. Ora, quando Petreio, depois de passar tudo em revista, dá o sinal com a trombeta, ordena às coortes que avancem lentamente; o mesmo faz o exército dos inimigos. 2. Assim que se chegou ao ponto de onde a batalha poderia ser iniciada pelos soldados de armadura ligeira, com enorme clamor, travam combate com as insígnias voltadas contra o inimigo; renunciam aos pilos, luta-se com gládios[144]. 3. Os veteranos, lembrados de seu antigo valor, atacam brutalmente corpo-a-corpo; aqueles opõem resistência sem temor – combate-se com força máxima. 4. Enquanto isso, Catilina encontra-se na primeira fileira com as forças ligeiras, socorre os que estão em perigo, busca substitutos para os feridos, tudo provê, muito combate ele próprio, não raro fere o inimigo; executava a um só tempo os deveres de um soldado valeroso e de um bom comandante[145]. 5. Petreio, ao perceber que Catilina, ao contrário do que imaginara, combatia com grande força, conduz a coorte pretoriana[146] para o meio dos inimigos e mata-os em sua desordem e resistência isolada; em seguida, ataca os demais por ambos os flancos. 6. Mânlio e o fesulano, lutando nas primeiras linhas, tombam. 7. Catilina, tão logo percebe suas tropas dispersadas e que sobrevive com poucos, lembrado de sua estirpe e

---

144. Ou seja, deixam-se de lado as armas de arremesso, para o enfrentamento corpo-a-corpo.

145. Catilina parece dotado de todos os aspectos da *virtus* (bravura, coragem, valentia, valor), exceto o aspecto moral. Cf. 5.1.

146. A coorte pretoriana, no final da República, era a guarda pessoal dos comandantes.

de sua antiga dignidade, lança-se contra o ponto mais cerrado de inimigos e ali, combatendo, é traspassado.

LXI. 1. Ora, só depois de encerrado o combate era possível perceber quanta audácia e quanta bravura havia no exército de Catilina. 2. De fato, quase todas as posições que cada um tomara lutando, quando vivo, estavam cobertas por seus corpos depois de perderem a vida. 3. Uns poucos, que a coorte pretoriana, em seu meio, dispersara, estavam um pouco mais distantes, mas todos haviam tombado com ferimentos sofridos face a face. 4. Catilina, porém, foi encontrado longe dos seus, em meio aos cadáveres dos inimigos, respirando ainda um pouco e retendo em seu semblante a ferocidade que tivera em vida. 5. Por fim, de todo o contingente, nenhum cidadão de nascimento livre foi capturado, fosse em combate ou em fuga: 6. dessa forma, todos haviam igualmente poupado suas vidas e as dos inimigos. 7. E, no entanto, o exército do povo romano não conquistara uma vitória alegre ou sem sangue: os mais bravos haviam tombado em combate ou o haviam deixado gravemente feridos. 8. Muitos homens, por sua vez, que haviam deixado o acampamento para ver ou pilhar, encontravam, ao revolver os cadáveres dos inimigos, alguns, um amigo, parte, um hóspede ou parente; houve também quem reconhecesse seus inimigos. 9. Assim, diversamente, por todo o exército era-se tomado de alegria, tristeza, de dor e felicidade.

Posfácio: Salústio e a conjuração

SALÚSTIO NA HISTÓRIA

O brilho inusitado do discurso que caracteriza as obras de Salústio, bem como a narrativa vívida e intensa por meio da qual discorre sobre política e moral, teriam contribuído para justificar a fama duradoura que o historiador alcançaria ao longo dos séculos[1]. Marcial, não sem razão, profetizaria: *Hic erit, ut perhibent doctorum corda uirorum,/ primus Romana Crispus in historia* ("Este Crispo será o primeiro na história romana, como afirmam os juízos dos homens doutos")[2].

Tal modo de escrita único convidou à imitação historiadores como Veleio Patérculo, Valério Máximo, Quinto Cúrcio e, sobretudo, Tácito[3]. Veleio Patérculo vê em Salústio o "êmulo de Tucídides" (2.36). Também Quintiliano o considera um digno correspondente romano para Tucídides, como Tito Lívio o seria para Heródoto (10.1.101). Ao comparar os dois historiadores latinos, Quintiliano, embora julgue a obra de Tito Lívio mais apropriada para a educação dos jovens, por ser mais acessível aos iniciantes, considera Salústio

---

1. Sobre a fortuna crítica de Salústio, leia-se Syme (1964: 274–301); McGushin (1977: 21–24); Osmond & Ulery (2003).

2. Marcial 14.191. Tradução de Ambrósio (2005: 105).

3. Osmond & Ulery (2003: 188).

um historiador maior (2.5.19). Tácito, demonstrando sua admiração por Salústio, refere-se a ele como *rerum Romanarum florentissimus auctor* (*Ann.* 3.30) ("ilustríssimo autor de história romana"); em suas obras, sobretudo nas *Histórias*, os retratos de personagens, os discursos inseridos nas narrativas e o modo como faz uso da linguagem são exemplos inequívocos de imitação de Salústio[4]. Escrevendo no final da Antiguidade, Agostinho demonstra ser leitor e admirador de Salústio, ao apontá-lo como um "historiador de notável veracidade" (*nobilitatae veritatis historicus, C. D.* 1.5) e "homem extremamente eloquente" (*vir disertissimus Sallustius* (*C. D.* 7.3).

No período imperial, sobretudo na dinastia dos Antoninos (96–193 d. C), os textos de Salústio foram frequentemente estudados, discutidos e comentados, conforme atestam abundantes registros do período[5]. Quanto à Idade Média, a grande quantidade de manuscritos supérstites revela o lugar privilegiado que as obras de Salústio ocupavam nas escolas da época[6]. A Renascença, período em que Salústio alcançou enorme popularidade[7], iria incluí-lo no cânone dos historiadores antigos, ao lado de César, Tito Lívio e Tácito. Uma razão para explicar tal grau de aceitação seria a versatilidade e a adaptabilidade de seu pensamento às varia-

---

4. Syme (1964: 293–94).
5. Syme (1964: 300).
6. Osmond & Ulery (2003: 192).
7. Osmond & Ulery (2003: 197).

das épocas e interesses; outro aspecto relevante seria a particularidade de sua linguagem[8].

Contudo, como ocorre em geral com os inovadores, Salústio não recebeu só elogios, mas também críticas. Dois aspectos, na Antiguidade, eram os alvos mais frequentes de censura: sua vida particular — considerada incoerente com a moral que advogava em suas obras, sobretudo nos prefácios — e seu modo de escrita arcaizante. O ataque mais duro que Salústio recebe é o de um liberto de Pompeu Magno, de nome Leneu, que, para retaliar uma referência desabonadora do historiador acerca de seu mestre, dirige-lhe duras ofensas, dentre elas, a de ladrão das palavras de Catão[9]. Tal acusação pode ter dado origem a um epigrama que Quintiliano refere como sendo então bem conhecido:

et verba antiqui multum furate Catonis,
Crispe, Iugurthinae conditor historiae.

---

8. Osmond & Ulery (2003: 186).

9. Cf. Suetônio, *Gram.* 15.2: *Ac tanto amore erga patroni memoriam extitit ut Sallustium historicum, quod eum oris probi animo inverecundo scripsisset, acerbissima satura laceravit, lastaurum et lurconem et nebulonem popinonemque appellans, et vita scriptisque monstruosum, praeterea priscorum Catonisque verborum ineredutissimum furem* ("E [sc. Leneu] mostrou tamanha devoção pela memória de seu patrono [sc. Pompeu], que difamou o historiador Salústio, porque este teria dito que Pompeu escondia uma alma despudorada sob sua aparência de honestidade, numa sátira duríssima, chamando-o de pederasta, glutão, imprestável, frequentador de tavernas, uma pessoa de vida e obra monstruosas, um ladrão extremamente grosseiro das palavras dos antigos e de Catão"). Cf. Osmond & Ulery (2003: 186).

("Tu, Crispo, autor da *História de Jugurta*, que saqueaste as palavras do antigo Catão.")[10].

O historiador Asínio Polião[11], segundo indica Suetônio, teria escrito um tratado em que condenava os arcaísmos de Salústio[12]. Ainda de acordo com Suetônio, Polião teria acusado Salústio de empregar um estudioso para colecionar palavras antigas, já em desuso, para utilizar em suas obras[13]. O historiador Pompeu Trogo critica Salústio — e também Tito Lívio — por intercalar discursos nas narrativas. Contudo, seu próprio modo de escrita trairia marcas salustianas[14]. Tito Lívio, conforme testemunha Sêneca, o Rétor, manifesta sua desaprovação a oradores que recorrem a *verba antiqua et sordida* ("palavras antigas e vulgares")[15]. Para criticar Salústio, Lívio teria chegado a depreciar a adaptação que este fizera de uma frase grega, atribuída a Tucídides[16].

---

10. Quintiliano, *Inst.* 8.3.29. *Fr. Incert.* 16, Morel. Courtney (1963: 145), *apud* Russell (2009: 357, n. 32).

11. Asínio Polião (76 a. C.–4 d. C.), cônsul em 40, orador e historiador.

12. Suetônio, *Gram.* 10. Mas, de acordo com Aulo Gélio, *elegantia orationis Sallustii verborumque fingendi et novandi studium cum multa prorsus invidia fuit* ("a elegância do discurso de Salústio e seu gosto por forjar e renovar palavras foi motivo de enorme indignação [...]") (4.15.1).

13. Referência a Ateio Pretextato, Suetônio, *Gram.* 10. Cf. Woodman (1988: 149).

14. Syme (1964: 289).

15. Cf. Sêneca, o Rétor, *Con.* 9.2.26.

16. A frase criticada é: *secundae res mire sunt vitiis obtentui* ("A prosperidade serve maravilhosamente para encobrir os defeitos", 1.55.24. A frase, na verdade, era de Demóstenes (12.13), não de Tucídides, como supõem Lívio e Sêneca, cf. Syme (1964: 289, n. 62).

Sêneca, o Rétor, que reporta o caso, considera que Lívio, na oportunidade, teria sido injusto com Salústio, e acrescenta que, na adaptação de tal frase, este teria abatido Tucídides em seu próprio acampamento, ou seja, o teria superado naquela que era sua principal virtude, a concisão[17]. Mas, apesar das críticas, Tito Lívio não se teria furtado à imitação de Salústio[18].

Lactâncio, enfim, critica a contradição entre o pensamento de Salústio e sua vida: *servivit foedissimis voluptatibus, suamque ipse sententiam pravitate dissolvit* ("era escravo das mais vergonhosas paixões, pôs a perder sua própria maneira de pensar por sua depravação")[19].

As obras de Salústio continuaram sendo amplamente lidas, debatidas e mesmo imitadas na modernidade[20]. Alguns historiadores do século xix, porém, baseados em teorias positivistas e desconsiderando o contexto retórico-literário em que as obras de Salústio foram escritas, questionariam o valor histórico de seus relatos, por não corresponderem aos paradigmas factuais e objetivos então estimados[21]. Por volta da segunda metade do século xx, contudo, restabelece-se o valor de Salústio como historiador[22]; suas obras continuam a ser estudadas hoje sob variados pontos de vista.

---

17. Sêneca, o Rétor, *Con.* 9.1.14.
18. Syme (1964: 289); Woodman (1988: 130; 140).
19. *Apud* McGushin (1977: 21).
20. Osmond & Ulery (2003: 213).
21. Cf. Funari & Garrafoni (2007: 65–66, e n. 1 e 2).
22. Cf. Leeman (1967: 57–61).

VIDA DE SALÚSTIO

Gaio Salústio Crispo foi político e historiador do século I, no período final da República romana. Contemporâneo de Cícero, era, porém, vinte anos mais jovem. Teria nascido na cidade de Amiterno, na alta região da Sabina, em 86, e morrido em Roma em 35 ou 34[23]. Amiterno, cidade situada a aproximadamente 80 quilômetros de Roma, já desfrutava de pleno direito à cidadania romana por ocasião do nascimento de Salústio[24]. Considera-se que sua família era provavelmente constituída de aristocratas locais (*domi nobiles*).

Salústio, assim como Cícero, era um *homo nouus*, isto é, o primeiro da família a adentrar a carreira política e o Senado. Tal passo, para um homem de origem municipal e sem ancestrais ilustres, não se dava sem a superação de barreiras impostas pela tradição romana, que considerava o poder e o prestígio prerrogativas hereditárias[25]. Salústio, no prefácio da *Conjuração de Catilina*, afirma que, ainda muito jovem, teria se sentido atraído pela política. Contudo, quaisquer que tenham sido suas ocupações anteriores, o primeiro registro que temos de sua carreira política é como tribuno da plebe, em 52, conforme o testemunho de Ascônio Pediano, co-

---

23. Cf. Jerônimo, 151 H: *Sallustius Crispus scriptor historicus in Sabinis Amiterni nascitur* ("o historiador Salústio Crispo nasce em Amiterno, no território sabino"); 159 H: *Sallustius diem obiit quadriennio ante Actiacum bellum* ("Salústio morreu quatro anos antes da Batalha de Ácio"). *Apud* Syme (1964: 13, n. 30).

24. Ramsey (2007: 2)

25. Ramsey (2007: 2).

mentador de alguns discursos de Cícero[26]. Antes disso, é razoável supor que tenha sido questor, uma vez que esse era o primeiro cargo da carreira política (*cursus honorum*), o qual, normalmente, habilitava seu detentor à admissão no Senado. Infelizmente, a única evidência de sua suposta questura se encontra na *Invectiva contra Salústio*, obra atribuída a Cícero que hoje se considera um texto forjado nas escolas de retórica do período imperial[27].

Durante seu tribunado, Salústio evidencia-se no cenário político em meio à crise precipitada pelo assassinato de Públio Clódio Pulcro por Tito Ânio Milão. Ascônio fornece-nos ampla documentação desse período em seu comentário sobre a *Defesa de Milão*. Em seu relato, o comentador revela em várias oportunidades as atividades políticas de Salústio, não só no Senado, mas também nas assembleias populares (*contiones*), o que nos permite conhecer seu posicionamento político na época, como também suas ligações[28]. De acordo com Ascônio, o ano de 52 começara sem cônsules, uma vez que não fora possível realizar eleições em virtude dos violentos tumultos que se alastravam pela cidade. Ha-

---

26. Quinto Ascônio Pediano (9 a.C– 76 d.C) escreveu comentários a vários discursos de Cícero, dos quais restam-nos fragmentos de *Discurso contra Pisão, Defesa de Escauro, Defesa de Cornélio, Discurso como candidato a cônsul* e *Defesa de Milão*. Além dos registros históricos, Ascônio consultava os *acta diurna* e os *acta senatus*.

27. Atribuída por Diomedes a Dídio (GLK 1.387.4); *Apud* Ramsey (2007: 2, n. 2).

28. Ascônio refere-se às atividades de Salústio nos parágrafos 38, 45, 49, 50 e 51 da Edição de Clark do *Pro Milone*, Oxford, 1895. Todas as referências a Ascônio são tomadas a essa edição.

via três candidatos a disputar o consulado: Tito Ânio Milão, apoiado pela ala mais conservadora dos *optimates*[29], e dois candidatos que tinham o apoio de Pompeu: Quinto Metelo Cipião e Públio Pláucio Hipseu. Públio Clódio, ligado à facção dos *populares*[30], candidato a pretor e acerbo inimigo de Cícero e Milão, apoiava ativamente os candidatos de Pompeu contra este, segundo testemunha Ascônio[31]. Milão e Clódio eram líderes rivais de bandos armados, utilizados por eles como instrumento de intimidação política. O primeiro, com o apoio tácito de Pompeu e dos *optimates*, o segundo, de César e dos *populares*. No dia 18 de janeiro de 52, os dois líderes e seus séquitos se encontraram na Via Ápia e, no embate que se seguiu, Clódio foi morto pelos escravos de Milão[32]. Seu cadáver foi levado a Roma e exposto no Fórum, enquanto tribunos discursavam incitando o povo contra o assassino. Na agitação que se formou, a Cúria foi incendiada[33]. No início do relato introdutório de Ascônio, dois tribunos são mencionados como os agitadores: Quinto Pompeu Rufo e Tito Munácio Planco

---

29. *Optimates*: termo raramente encontrado no latim antes de Cícero, que o usa para designar os conservadores que apoiavam a dominância senatorial na vida política romana; frequentemente equivalente a *boni*. O termo não tem correspondência alguma com o sentido moderno de partido político, apenas designa uma categoria de pessoas com certas convicções e atitudes. Cf. Lewis (2006: 310–11).

30. O termo não tem conotação partidária, apenas refere-se comumente a um grupo, indefinido formalmente, que professava o apoio aos interesses do povo como principal política.

31. Asc. 31.

32. Asc. 33.

33. Asc. 34.

Bursa. No entanto, na parte em que comenta o parágrafo 45 da *Defesa de Milão*, Ascônio menciona Salústio ao lado de Pompeu Rufo[34].

A desordem continuava sem que pudesse ser contida. O Senado aprova um decreto nomeando Pompeu cônsul único em 25 de fevereiro de 52. Pompeu então toma medidas enérgicas para conter a crise e põe em marcha o processo de julgamento de Milão e também dos responsáveis pelos tumultos que castigaram a cidade. Os três tribunos, Rufo, Bursa e Salústio, passam então a utilizar as assembleias populares para atacar violentamente Milão e também Cícero, por ter assumido sua defesa[35]. Na *Defesa de Milão*, parágrafo 47, vemos Cícero queixar-se com indignação dos ataques a ele dirigidos[36]. Ele não menciona os nomes dos responsáveis, mas Ascônio o faz: Quinto Pompeu Rufo e Gaio Salústio

---

34. Asc. 49: *sunt autem contionati eo die, ut ex Actis apparet, Sallustius et Q. Pompeius, utrique et inimici Milonis et satis inquieti* ("Discursaram perante o povo, naquele dia, como consta das *Atas* do Senado, Salústio e Quinto Pompeu, ambos inimigos de Milão e bastante turbulentos").

35. Asc. 38: *Inter primos et Q. Pompeius et C. Sallustius et T. Munatius Plancus tribuni plebis inimicissimas contiones de Milone habebant, invidiosas etiam de Cicerone, quod Milonem tanto studio defenderet* ("Quinto Pompeu, Gaio Salústio e Tito Munácio, tribunos da plebe, eram os principais organizadores de assembleias inimicíssimas a Milão, e mesmo hostis contra Cícero, que o defendia com todo o empenho").

36. *Mil.* 47: *me videlicet latronem et sicarium abiecti homines et perditi describebant* ("É evidente que esses indivíduos vis e perversos me representavam como bandido e assassino").

Crispo[37]. Cícero não obteve a absolvição de Milão, mas, no ano seguinte, conseguiu condenar Planco Bursa, embora este recebesse apoio explícito de Pompeu Magno. O tribuno Pompeu Rufo também foi condenado, tendo como acusador Marco Célio, amigo de Cícero. Sobre Salústio, Ascônio nada menciona. Não há evidências de que tenha ido a julgamento. Mas, se escapou incólume desse episódio, não logrou o mesmo em 50, quando foi expulso do Senado pelo censor Ápio Cláudio[38].

Expulsões desse gênero costumavam ocorrer por improbidade, quer na vida privada, quer na política[39]. Contudo, o historiador Dião Cássio (c. 155–229 d. C.), ao relatar o fato, não menciona o motivo, apenas observa que, juntamente com Salústio, outros foram expulsos do Senado naquela ocasião, inclusive homens pertencentes à nobreza. Pelo modo como o episódio é narrado, subentende-se que motivações políticas tenham guiado a decisão do censor.

Os detratores antigos de Salústio, contudo, iriam comprazer-se em contrastar o tom moralizante de suas obras com sua própria conduta. Uma anedota que se tornou famosa reporta que Salústio, flagrado em adul-

---

37. Asc. 50: *Q. Pompeius Rufus et C. Sallustus tribuni fuerunt quos significat. Hi enim primi de ea lege ferenda populum hortati sunt et dixerunt a manu Milonis occisum esse Clodium, consilio vero maioris alicuius.* ("É aos tribunos Quinto Pompeu Rufo e Gaio Salústio Crispo que ele [sc. Cícero] se refere. De fato, eles foram os primeiros a incitar o povo a aprovar aquela proposta de lei e a dizer que Clódio havia sido morto pelo bando de Milão, embora por instigação de alguém maior").

38. Cf. Dião Cássio, 40.63.4.

39. Syme (1964: 34).

tério com a esposa de Milão, Fausta, filha do ditador Sula, fora açoitado pelo marido ultrajado e só teria conseguido sair com vida do incidente trocando sua liberdade por certa soma de dinheiro[40]. Mas a credibilidade de tais registros é questionável. O tema do adultério, bem como outras referências ao comportamento sexual do historiador que aparecem na mencionada *Invectiva contra Salústio*, são temas recorrentes nos discursos do gênero retórico demonstrativo ou epidítico[41], do qual a invectiva é uma espécie. De resto, deve-se ainda lembrar que nem Cícero, na *Defesa de Milão*, nem Ascônio, em seus comentários, fazem qualquer alusão ao suposto caso de Salústio com a esposa de Milão. Depois de sua expulsão do Senado, Salústio pode ter buscado refúgio no acampamento de César[42]. Com efeito, pode-se encontrá-lo algum tempo depois no comando de uma das legiões de César na Ilíria, ao final de 49, nos princípios da guerra civil. Na ocasião, duas legiões, uma comandada por Minúcio Básilo, outra comandada por Salústio, são enviadas para auxiliar Gaio Antônio, cujo exército estava cercado na ilha de Curita. Mas a missão fracassa. Como os pompeianos detinham o comando do mar Adriático, a rendição foi inevitável e César teve que amargar sérias perdas[43].

O nome de Salústio reaparece no ano de 47, desta vez como enviado de César para apaziguar uma rebelião das tropas reunidas na Campânia, em preparação

---

40. Aulo Gélio, 17.18, *apud* Syme (1964: 278, n. 15).
41. Ernout (1996: 9).
42. Ramsey (2007: 4).
43. Orósio, 6.15.8, *apud* Syme (1964: 36, n. 34).

para a invasão da África. Salústio não teve sucesso na operação, mas teve sorte: escapou com vida, sendo que dois outros enviados posteriores, senadores na função de pretores, não o conseguiram; foi necessário que o próprio César interviesse para subjugar os amotinados[44].

Na campanha de César na África, Salústio não teria tido outro comando em frente de batalha. Contudo, César se serviria dele para reunir e transportar suprimentos para as tropas, o que ele realizou, ao que parece, com sucesso[45]. Depois da vitória de Tapso, na África, em 46, César anexou a maior parte da Numídia, tornando-a província romana com o nome de África Nova. Para governá-la, escolheu Salústio[46]. De acordo com Dião Cássio (43.9.20), Salústio, durante seu governo, teria saqueado a província em proveito próprio. Ao voltar a Roma, em 45, foi acusado de extorsão e só não teria sofrido outra expulsão do Senado por intervenção do próprio César, que, segundo refere Dião Cássio, ficou com a suspeita de ter protegido Salústio em troca da divisão do lucro (43.47.4). O escândalo, de qualquer modo, mais uma vez deve ter afetado a reputação de Salústio.

Se ele decidiu afastar-se da vida pública nesse momento, ou depois do assassinato de César, em março de 44, como parece mais provável, não se pode saber ao certo. O fato é que Salústio decide renunciar à política, atribuindo o motivo a várias adversidades sofridas,

---

44. Apiano, *BC* 2.92.387; Dião Cássio, 42.52.1. Cf. Syme (1964: 36–37).

45. Syme (1964: 37).

46. *Id. ibid.*.

e declara sua intenção de dedicar-se a escrever história, conforme testemunha o prefácio da *Conjuração de Catilina* (4.1–3). A vila que ele ou seu herdeiro por adoção construíra, cercada pelos seus famosos jardins (os *horti Sallustiani*), situada entre os montes Quirinal e Píncio, que mais tarde seria propriedade da família imperial, era uma indicação de que seus recursos eram capazes de garantir seu ócio[47].

A OBRA DE SALÚSTIO

De Salústio chegaram até nós duas monografias completas, a *Conjuração de Catilina*, que ora se apresenta, e a *Guerra de Jugurta*, bem como uma obra de estrutura analística que cobria os anos de 78 a 67, as *Histórias*, que o autor, com sua morte, deixou incompleta, chegando ela até nós de maneira apenas fragmentária. A *Conjuração* foi publicada depois da morte de César (44), como se deduz do capítulo 53, em que Salústio usa o verbo "ser" no passado para se referir a este e a Catão, e é tradicionalmente considerada anterior à *Guerra de Jugurta*, embora o único dado de que podemos ter alguma certeza seja que as monografias precederam as *Histórias*.

Outras obras a ele atribuídas são duas *Epístolas a César* e uma *Invectiva contra Cícero*, sobre as quais pesa a dúvida da autenticidade. Desde a Renascença se tem debatido sobre a legitimidade de tais obras, embora, até hoje, não se tenha conseguido provar definitivamente seu caráter autêntico ou espúrio. Os argumentos em

---

47. Ramsey (2007: 5).

favor da legitimidade, porém, têm pouco apoio entre os estudiosos. Como afirmam Osmond & Ulery (2003: 187), estas duas obras, caso autênticas, forçosamente precederiam as monografias e as *Histórias*.

SALÚSTIO E A HISTORIOGRAFIA ROMANA

Ponderando acerca da escrita da história entre gregos e romanos, Salústio deplora que em Roma nunca tivesse havido homens de engenho que se dedicassem a eternizar os feitos de seus cidadãos ilustres. Observa que, diferentemente dos gregos, os romanos mais sagazes preferiam notabilizar-se por suas próprias realizações a escrever sobre as realizações alheias (*Cat.* 8.5). Assim, Salústio reconhece que Roma não produzira até então um escritor de história à altura dos historiadores gregos. Tal julgamento coincide com a opinião de Cícero em *Leg.* 1.5[48]. Nesse diálogo, escrito entre 50–46, em que as personagens em cena são o próprio Cícero, Quinto, seu irmão, e o amigo Ático, há uma passagem em que este tenta convencer Cícero a dedicar-se ao gênero histórico, uma vez que suas qualidades como orador o credenciariam a tal tarefa. Ático então argumenta que a história, do modo como ele próprio e Cícero a concebiam, ainda estava ausente das letras romanas ("[...] a história está ausente de nossas letras, segundo eu próprio entendo e inúmeras vezes ouvi de ti [...]"; *Leg..* 1.5).

Tal afirmação, contudo, não queria dizer que os romanos não tinham interesse por sua própria história. Desde provavelmente o século IV ou V, o pontífice má-

---

48. Também em *de Orat.* 2.52–55 e *Brut.* 228.

ximo consignava os eventos importantes da cidade em um quadro branco (*tabula dealbata*), que era afixado no átrio de sua casa. Esses quadros foram afixados durante séculos, até 130, quando o pontífice máximo Múcio Cévola mandou publicar os documentos anteriores em oitenta volumes, que passaram a constituir os *Anais Máximos* (*Annales Maximi*)[49].

Efetivamente, havia em Roma condições favoráveis para o desenvolvimento da historiografia: a tradição firmemente estabelecida do registro oficial dos eventos importantes; o interesse pessoal dos homens ilustres na divulgação escrita dos feitos de seus ancestrais, requisitos fundamentais para propugnar suas próprias carreiras políticas; e, ao final do século III, o estímulo e a influência dos modelos helenísticos[50]. A primeira forma de historiografia em prosa parece ter surgido durante a Segunda Guerra Púnica (218–201) com a escrita de tipo analístico, que apenas fornecia um relato cronológico dos eventos, sem qualquer tipo de análise. Fábio Píctor (final do século III) é tradicionalmente considerado o primeiro romano a dedicar-se à escrita da história, embora o tivesse feito em grego, como alguns de seus sucessores. Membro de uma notável família patrícia, Píctor teria sido também o primeiro de uma longa lista de senadores que devotaram seu tempo livre (*otium*) a compor a própria versão de eventos que apresentavam algum tipo de interesse[51].

---

49. Frier (2002: xv; 163; 171).
50. Usher (1969: 130).
51. Usher (1969: 131).

No diálogo *Do Orador* (55), obra retórica em que se discute acerca do orador ideal, Cícero relaciona Píctor, Catão e Pisão como escritores que compuseram história à maneira dos anais, pois não dominavam ainda "os meios com que se orna o discurso" (2.52–53). Apenas Célio Antípatro[52], afirma Cícero, teria se elevado um pouco acima destes, tendo acrescentado "maior grandiloquência à história", mas, mesmo assim, careceria de polimento de elocução e de variedade (2.54). A combinação de serviços à República com historiografia tornou-se uma tradição fortemente estabelecida em Roma[53]. Tal foi o caso, além de Fábio Píctor, de Marco Pórcio Catão (234–149). Cônsul em 195, censor em 184, Catão é o homem que, entre as gerações posteriores, é tido como a personificação de toda espécie de excelência particularmente romana[54]. Ao retirar-se da vida pública, passou a escrever história. Sua obra, *Origens*, em sete livros, talvez a primeira do gênero em latim, foi composta entre 168 e 149. Cobre o mesmo período dos analistas — que geralmente remontavam seu relato à época de fundação da Cidade —, embora introduza uma nova maneira de escrever história: não só Roma é alvo de sua atenção, mas também as comunidades que lhe são vizinhas; não se limita a reproduzir analisticamente os eventos, mas discute questões de ordem geográfica,

---

52. Célio Antípatro, que escreveu a história da segunda Guerra Púnica em sete livros, parece ter sido o primeiro romano a ter abandonado a escrita analística em favor da monografia histórica, para tratar de um tema único. Cf. Ramsey (2007: 8, n. 10).

53. Ramsey (2007: 132).

54. Ramsey (2007: 132).

etnográfica e ainda econômica[55]; e, apesar do notório patriotismo de seu autor, a obra não deixa de mostrar sinais de influência grega, como, por exemplo, de Xenofonte[56].

Em Roma, no século I, embora a oratória tivesse atingido elevado grau de excelência com Cícero, que se notabilizou não só por praticá-la como por teorizá-la, a história ainda não havia tido a mesma sorte. Em contexto romano, as primeiras reflexões teóricas sobre a escrita da história a chegarem até nós encontram-se no próprio Cícero, que, embora não tenha praticado o gênero, elaborou uma concepção de história, a história ornada, que teve larga fortuna entre os escritores posteriores. Tal conceito envolve, segundo suas próprias palavras, "a variedade de tópicos"; "o arranjo das palavras"; "a cadência regular e uniforme do discurso" (*de Orat.* 2.54). Segundo Cícero, a escrita da história devia ser sobretudo obra de oradores (*opus oratorium maxime, Leg.* 1.5), ou seja, de quem detivesse o domínio da arte retórica e estivesse, portanto, credenciado para escrever bem. No *Do orador*, Cícero apresenta, em certo momento, o personagem Antônio refletindo sobre a causa de os romanos não possuírem até então (91, data dramática do diálogo) um representante no gênero historiográfico à altura dos gregos. Antônio conclui que, ao contrário destes, os romanos eloquentes preferiam brilhar defendendo causas no fórum (2.55), enquanto, na Grécia, historiadores ilustres, como Heródoto, Tucídi-

---

55. Chassignet (1999: 10).
56. Usher (1969: 135).

des, Xenofonte e outros haviam sido eloquentes sem nunca ter praticado o gênero judiciário. A razão oferecida por Antônio é próxima à que Salústio oferece em *Cat.* 8.5; tal argumento reflete o ideal de praticidade romano, segundo o qual haveria mais virtude na ação do que no trabalho intelectual, reservado para as horas de ócio.

A crítica de Cícero e de Salústio de que Roma não tinha ainda um escritor que pudesse ser comparado aos historiadores gregos repousa principalmente no aspecto da elocução. A elocução da história é uma, a do gênero judiciário é outra bem distinta, afirma Cícero por meio de Antônio. Aquela deve "buscar uma conformação das palavras e um gênero de discurso amplo e contínuo, que flua uniformemente e com alguma placidez, sem a aspereza própria dos tribunais e sem os aguilhões forenses dos pensamentos [...]" (*de Orat.* 2.64).

O que Cícero preconiza para a história é uma elocução capaz não só de ensinar, mas também de deleitar o leitor. Em 56, ele envia uma carta ao amigo Luceio, historiador seu contemporâneo[57], pedindo-lhe que narre o evento que, a seu ver, era o mais notável de seu consulado: sua atuação ao suprimir a conspiração de Catilina, bem como os eventos que se seguiram até seu retorno do exílio, em 57. Desejando ter seus feitos celebrados ainda em vida, Cícero manifesta sua preferência de que isto ocorra por meio de um gênero de escrita que hoje chamamos monografia, que lhe propiciaria maior destaque, por tratar-se de obra que gira em torno de tema

---

57. *Fam.* 5.12.

único, centrado em um protagonista principal. Essa carta nos é valiosa do ponto de vista das concepções historiográficas nela expostas. Permite-nos entrever mais claramente a concepção de Cícero de história ornada e, além disso, que tipo de escritor ele considerava habilitado para escrever história.

No parágrafo 7 da carta, Cícero justifica seu desejo de ver seus feitos narrados particularmente por Luceio, que seria dotado da "autoridade de um homem muitíssimo ilustre e distinto, reconhecido e mais que todos aprovado nas causas mais importantes e sérias da República" (*Fam.* 5.12.7). Cícero considera que, para a escrita de história, a política é fonte de *auctoritas* ("autoridade"). Nesse contexto, tal *auctoritas* significa a capacidade analítica de apreensão do fato, bem como os conhecimentos adquiridos que permitam ao escritor traduzir em palavras a experiência vivida[58]. Ter vivenciado o período que narra era considerado fundamental já na historiografia grega clássica. Assim, Luceio é o homem ideal para escrever sobre Cícero porque, além de dotado de autoridade, vivenciou o período sobre o qual devia escrever[59].

Não sabemos se Luceio chegou a realizar o desejo de Cícero, mas, caso o tenha feito, tal escrito não chegou até nós. Contudo, ironicamente, 10 anos mais tarde, um homem dotado de experiência nos assuntos políticos e militares, bem como de habilidade retórica, decide empreender a tarefa de narrar o mesmo evento antes su-

---

58. Sebastiani (2007: 79).
59. Sebastiani (2007: 77–78).

gerido por Cícero a Luceio, e no mesmo formato: a monografia. Trata-se de Salústio, que leva a cabo a tarefa, porém, de modo próprio: em primeiro lugar, centra sua narrativa na *persona* de Catilina, cabendo a Cícero um papel incidental; em segundo, afasta-se diametralmente da elocução proposta por Cícero para a historiografia, escolhendo uma escrita breve e pontilhada de reminiscências da antiga prosa dos historiadores antigos.

OS PREFÁCIOS

Os prefácios dos escritos históricos eram, tradicionalmente, a parte em que os historiadores expunham o programa que pretendiam seguir em suas obras. Assim, a começar por Heródoto, os prefácios desenvolveram, com o passar dos séculos, lugares-comuns que funcionavam como indicadores do projeto historiográfico de cada autor[60]. Os principais lugares-comuns diziam respeito: à enunciação do tema e do subgênero adotados; à justificativa da escrita da história e da escolha do tema; ao desejo de alcançar a glória; e à declaração de imparcialidade por parte do historiador e de sua consequente busca da verdade.

No prefácio da *Conjuração de Catilina*, Salústio procura justificar sua retirada da vida pública e dedicação à escrita do gênero histórico. Por escrever uma obra de caráter moralizante, encontrava-se diante de um dilema: o historiador, como se disse, fora expulso do Senado em 50, possivelmente por improbidade, e enfren-

---

60. Leia-se, particularmente, o artigo de Earl (1972) para uma síntese da questão.

tara um processo de extorsão após sua administração da província da África Nova, em 45. Sendo assim, tinha, de antemão, de enfrentar o problema da falta de autoridade e, consequentemente, credibilidade, ao compor seu *ethos* de historiador moralista. A solução encontrada foi extremamente engenhosa: imitando a Carta 7 de Platão[61], em que o filósofo explica seu entusiasmo inicial pela vida pública e posterior desilusão, a que se seguiu a dedicação à filosofia, Salústio coloca-se na posição de Platão romano da historiografia, apresentando-se como vítima da corrupção vigente na época de sua juventude, quando se lançara, segundo diz, com ardor à vida pública e à política[62].

O prefácio da *Conjuração de Catilina* apresenta todos os elementos que constituem os tópicos protocolares do gênero. Contudo, é absolutamente singular na maneira como está arranjado: Salústio não aborda de imediato esses tópicos tradicionais, mas começa seu

---

61. O conceito antigo de imitação nada tem que ver com nossas ideias de originalidade, que remetem, em última instância, a uma concepção romântica de escrita. Para os antigos, a imitação de um antecessor era uma estratégia de escrita perfeitamente legítima, contanto, bem entendido, que apresentasse um elemento de novidade em relação ao texto imitado (leia-se, por exemplo, Quint. *Inst.* 10.2).

62. Compare-se *Cat.* 3.3–4.2 a Plat. *Ep.* 7, 325d–326a. O cotejo entre os dois passos, no entanto, mostra que há uma imperfeição nessa relação de proporção: trata-se justamente do fato de Salústio se haver deixado tomar pela corrupção reinante (embora pretenda nos fazer crer que isso foi motivado pela inocência da idade, Salústio contava cerca de 36 anos quando foi expulso do Senado e 41 quando sofreu o processo por extorsão), elemento que não se encontra no relato de Platão.

exórdio por meio de reflexões de caráter filosófico sobre o *corpus* ("corpo") e o *animus* ("alma", "mente", "espírito") humanos, que remetem, em última instância, a Platão.

Salústio argumenta que toda a potencialidade do gênero humano encontra-se no corpo e na mente. O corpo está ligado à obediência, e coloca o homem no mesmo plano dos animais; a mente está ligada ao comando, e o coloca no plano dos deuses. A glória que se alcança pela força, ou seja, pelo uso do corpo, é efêmera, ao passo que a glória conquistada pelo uso do engenho, da inteligência, do talento (*ingenium* pode-se traduzir das três formas) é eterna e imortal. Tendo se retirado da vida pública, Salústio fará agora uso de seu *ingenium* para compor sua obra histórica, ser útil à República dando lustro a sua história, e deixar uma recordação imortal de si mesmo para a posteridade, conquistando a glória verdadeira, sólida e eterna.[63].

Somente após suas reflexões sobre o corpo e a mente e sobre a escrita da história é que Salústio faz uso dos tópicos protocolares dos prefácios do gênero historiográfico — enunciar o subgênero da obra, o seu tema e a justificativa deste, a intenção de imparcialidade do autor, a busca da fidedignidade (*Cat.* 4.2–5):

decidi minuciar os feitos do povo romano por partes, conforme cada um parecesse digno de recordação; tanto mais que meu ânimo estava livre das expectativas, receios, facções da política. Assim, concisamente, descreverei a conjuração

---

63. Não há espaço aqui para uma análise detida de todos os aspectos e ramificações do prefácio. Para uma leitura abrangente e ainda atual, cf. Leeman (1954).

de Catilina da maneira mais verídica possível, pois considero tal feito sobremaneira memorável pela novidade do crime e do perigo.

Ao dizer que minuciará os feitos do povo romano (a expressão em latim, *res populi Romani*, também pode ser traduzida por "a história do povo romano"), Salústio insere-se no gênero histórico; ao qualificar essa atividade com a expressão "por partes" (*carptim*), promove a escolha do subgênero da monografia histórica, que não tinha uma denominação própria na Antiguidade. Assim, Salústio não apresentará, por exemplo, uma obra de recorte temporal, como os *Anais*, que compreendiam os principais acontecimentos dentro de determinado período de tempo, mas uma obra de recorte temático: a conjuração de Catilina, contemplando, na narrativa, desde a chamada "primeira conjuração de Catilina", supostamente ocorrida em 65, até a destruição do exército de Catilina, no começo de 62, mas remontando, nas digressões, a diversas épocas da história romana. Há de se observar ainda que é da enunciação do tema da monografia que parte dos estudiosos depreende o título da obra.

Uma nova qualificação, na mesma linha de "por partes", é feita longo em seguida, quando diz "concisamente" (*paucis*), termo que parece carregado de dupla significação: de um lado, remete, tal como *carptim*, ao subgênero da monografia; de outro, à maneira como Salústio a escreverá, com elocução concisa e breve. Por outro lado, quando acresce "conforme cada um parecesse digno de recordação", faz uso de um lugar-comum dos prefácios historiográficos assim preceituado por Luciano:

Sempre que [*sc.* o historiador] fizer uso de um prefácio, começará por apenas dois elementos, não três, como fazem os oradores: deixando de lado a captação da benevolência, fornecerá a seus ouvintes o que é digno de atenção e aprendizado[64].

O mesmo pode-se dizer da afirmação de que a conjuração é "sobremaneira memorável pela novidade do crime e do perigo", conforme a sequência do preceito de Luciano mostra:

Estes [*sc.* os ouvintes] atentarão a ele se der mostras de que irá tratar de temas grandiosos, necessários, familiares ou úteis[65].

Por "novidade do crime", pode-se supor que Salústio refira-se a dois aspectos inusitados da conjuração: o fato de cidadãos da nobreza estarem lutando contra a República, e esta contra aqueles[66]; e o fato de Catilina se ter colocado à frente de um exército particular, uma vez que não estava investido de nenhuma magistratura pública[67].

O abandono da vida pública, por fim, é o que garantirá a Salústio a imparcialidade de sua obra e, consequentemente, sua veracidade.

---

64. Luciano, *Hist. Conscr.* 53. Tradução de Brandão, em Hartog 2001.

65. *Idem, ibidem.*

66. Chiappetta (1996: 28, n. 32).

67. MacKay (1962: 184).

OS RETRATOS

A biografia, que, entre os antigos, recebia o nome de "vida" (*bíos* entre os gregos, *uita* entre os latinos), era um dos subgêneros da historiografia antiga em que o louvor e o vitupério dos biografados tinham prioridade sobre a imparcialidade e a verdade, conforme afirma Políbio, historiador grego do período helenístico[68]. Esse subgênero é empregado em miniatura, de maneira ancilar, por assim dizer, nos retratos das figuras históricas, que constituem uma das partes tradicionais da narrativa histórica antiga.

Na *Conjuração de Catilina*, tais retratos, em que as personagens são apresentadas à luz da dicotomia *corpus/ animus* introduzida no prefácio, mostram-se perfeitamente adequados à ideia de Salústio de colocar a *virtus* ["virtude"] como o fulcro de toda a sua obra[69].

Há três retratos na *Conjuração de Catilina*: o de seu próprio protagonista, imediatamente após o prefácio (*Cat.* 5), o de Semprônia, personagem que participa da trama de maneira apenas indireta (*Cat.* 15), e o de César em contraposição ao de Catão, um duplo retrato, comparativo, que recebe o nome técnico de síncrise (*Cat.* 54). Catilina e Semprônia são exemplos de personagens viciosas (o primeiro era "dotado de índole má e depravada", a segunda colocava tudo acima da honra e do pudor); César e Catão, de personagens virtuosas, em-

---

68. Cf. Políbio, 10.21. *Apud* Ambrósio (2005: 76).

69. Leia-se a pertinente síntese da questão em Kraus & Woodman (1997: 11).

bora cada um de uma maneira diferente (eram homens "de grande virtude, de caráter diverso"), como Salústio aponta em *Cat.* 53 e procura demonstrar na síncrise.

AS DIGRESSÕES

A digressão é um dos mecanismos da historiografia antiga usados para evitar a monotonia da narrativa, conferindo-lhe variedade e propiciando deleite a sua leitura. Apesar de sua denominação, a digressão pretende-se intrínseca ao assunto tratado, não podendo ser retirada da obra sem prejuízo de sua unidade. Por sinal, o próprio Salústio sinaliza que assim seja em *Cat.* 5.1, passo em que observa que o próprio tema parece exigi-la. Na *Conjuração de Catilina*, a principal digressão, que trata do passado grandioso de Roma e da decadência dos costumes, encontra-se em *Cat.* 6–13; a segunda digressão, em 18–19, trata da suposta primeira conjuração de Catilina; por fim, em 36.4–39.5, Salústio discorre, na terceira digressão, sobre os fatores que tornaram a conjuração possível.

OS DISCURSOS

Os discursos das personagens históricas presentes na *Conjuração de Catilina* podem parecer, a nossos ouvidos modernos, fora de lugar numa obra de caráter histórico: acostumados, desde o começo do século xx, a ver e ouvir, em gravações ou ao vivo, as declarações mesmas dos agentes da história, e afeitos a um conceito de verdade que sem dúvida era estranho aos antigos, poderíamos desqualificar a própria presença dos discursos na monografia como mera ficção. Contudo, cabe observar que a escrita da história, entre os antigos, inseria-se no domínio das letras, não no das ciências, e a criação do verossímil, que consideraríamos vício, por aproximá-lo do falso, seria por eles julgada virtude, como marca de um escritor engenhoso. É exatamente por isso que Salústio, quando reconstrói o que suas personagens teriam verossimilmente dito em determinada situação, marca tal verossimilhança, antes de começar cada discurso, com o emprego do termo *huiuscemodi*, que traduzimos, ao longo de todo o livro, por "do seguinte teor".

Tal marcador pode assumir diferentes matizes de significado, segundo os variados contextos em que se emprega. Em *Cat.* 20, por exemplo, Salústio apresenta o discurso de Catilina aos conjurados em sua casa, "distante de qualquer testemunha". Nesse caso, o *huiuscemodi* é essencial para garantir a credibilidade do discurso e do historiador: mais do que nunca é necessário observar de antemão que as palavras que se seguirão são uma reconstrução verossímil do que deve ter acontecido, uma vez que o leitor facilmente perceberia a impossibilidade de Salústio saber exatamente o que fora dito naquela circunstância, pelo caráter secreto do encontro e a ausência de qualquer testemunha que tivesse participado da conjuração. Idêntica é a razão para o uso da mesma expressão em *Cat.* 57, que precede o discurso derradeiro de Catilina ao exército de conjurados, antes da batalha final.

No caso dos discursos proferidos por César (*Cat.* 51) e Catão (52), durante a deliberação dos senadores para decidir o destino dos conjurados que haviam sido capturados, a mesma estratégia e a mesma expressão são empregadas. Nestes dois casos, porém, podemos postular uma explicação um pouco diversa daquela que propusemos para os discursos de Catilina: como o próprio Salústio informa, o Senado em peso estava presente à mencionada deliberação, e, pode-se supor, parte do público leitor da *Conjuração de Catilina*, apesar de passados cerca de 20 anos do evento, teria ainda alguma lembrança do que fora dito na ocasião. Salústio necessitaria, então, apontar a tais leitores que o que está prestes a referir não é exatamente o que foi dito na ocasião, mas uma reconstrução verossímil do mesmo.

Também no caso daquilo que denominaríamos "documentos", como as cartas citadas na *Conjuração*, Salústio faz uso da mesma estratégia empregada para os discursos, à exceção de dois casos em que alega transcrever sua cópia exata (*Cat.* 34.3; 44.1). Assim, no final do capítulo 32, por exemplo, Salústio usa o mesmo *huiuscemodi* ao referir o teor da carta do conjurado Mânlio, assinalando, portanto, que não tivera acesso ao suposto "original"; já em 34.3 temos uma carta de Catilina ao senador Quinto Cátulo lida publicamente no Senado. Salústio dá a entender que tivera acesso direto ao documento, presumivelmente nos arquivos oficiais. O mesmo pode-se dizer da carta do conjurado Tito Voltúrcio, alegadamente transcrita em 44.1: como tal carta fora um dos documentos apreendidos e apresentados por Cícero no Senado como prova da conspiração, poderia, presumivelmente, ainda estar disponível nos arquivos para consulta.

AS VERSÕES ALTERNATIVAS DOS FATOS E A
IMPARCIALIDADE DO HISTORIADOR

A imparcialidade do historiador é construída também em algumas passagens em que Salústio apresenta mais de uma versão do mesmo fato, por vezes suspendendo seu julgamento a respeito. É o que acontece, por exemplo, em *Cat.* 14, passo em que o historiador, logo após sua digressão acerca da decadência dos costumes de Roma, exemplifica-a precisamente pela enunciação dos tipos de homens que se haviam associado a Catilina. Em 14.7, aludindo com toda probabilidade aos discursos de Cícero, faz menção a um rumor de teor sexual sobre Catilina e os conspiradores, que Salústio teria considerado e descartado em sua pesquisa. A razão para tal triagem é a motivação da invectiva: não a realidade dos fatos, mas "motivos outros", segundo o historiador.

O que está em jogo aqui é o reforço da afirmação de imparcialidade por parte do historiador, de um lado, e de busca da maior veracidade possível, de outro, ambas programaticamente apresentadas no prefácio da *Conjuração*, como vimos: quando Salústio aponta que havia outras motivações por trás de tais acusações, indiretamente quer dizer que, na qualidade de historiador, não as levará em conta em seu relato, porque constituiriam parcialidade, que, se tem lugar na invectiva, na historiografia é vício. Dessa forma, mina a autoridade de Cícero, cuja alusão o leitor contemporâneo facilmente identificaria, e amplifica a sua; já quando diz que as alegações são infundadas e não foram efetivamente verificadas, pretende mostrar que promoveu uma investigação factual independente, não se fiando cegamente nas fontes de que dispunha.

A mesma tática pode ser observada em *Cat.* 22.3, passagem em que Salústio comenta o rumor de que Catilina teria feito os conjurados beberem sangue humano depois de lhe jurarem lealdade. Mesmo não tendo comprovação suficiente, Salústio não deixa de apresentar o rumor. A nosso ver, isso tem uma dupla motivação: o relato, por sua natureza escabrosa, confere vivacidade e variedade à narrativa, cumprindo a função do deleite; por outro lado, oferece a Salústio nova oportunidade de reforçar seu *ethos* de historiador imparcial e pesquisador da verdade. Esta segunda observação, por sinal, também explica a enumeração das diversas versões do suposto envolvimento de Marco Licínio Crasso[70] na conjuração, em *Cat.* 48, bem como a observação de que o próprio Salústio ouvira, em pessoa, uma explicação do próprio Crasso, o que coloca o historiador no centro dos acontecimentos e, consequentemente, confere-lhe maior autoridade e credibilidade.

Idêntica estratégia de construção do *ethos* de historiador, por fim, parece motivar, em *Cat.* 53.2–5, passo em que contrasta os grandes feitos do passado romano com a suposta decadência moral de seu tempo, as observações acerca do *modus operandi* de Salústio: vasta leitura ("muito li"), vasta pesquisa ("muito ouvi") e vasta reflexão ("para mim, que muito refletia"), ou

---

70. Marco Licínio Crasso (115–53), o senador que formara, a partir de 60, uma aliança de poder e influência com Pompeu e César, a que os historiadores tradicionalmente dão o nome de "Primeiro Triunvirato".

seja, depreende-se, a investigação não apenas das obras dos historiadores antigos, mas também de textos de outra natureza: discursos, cartas, documentos etc.; a pesquisa junto aos agentes históricos diretamente envolvidos nos acontecimentos (como no caso do rumor sobre Crasso, citado acima); e, por fim, o uso do intelecto e da inteligência prenunciado no prólogo da obra, colocado a serviço da República.

A ELOCUÇÃO DA *CONJURAÇÃO DE CATILINA*

Passando ao domínio da elocução, a característica mais marcante da escrita de Salústio parece ser sua tentativa de conferir um tom arcaizante a suas obras, que se observa em diversos níveis: ortográfico, morfológico, lexical, sintático.

Há pelo menos duas razões para tal busca do colorido arcaico. Em primeiro lugar, a filiação genérica: em seus principais modelos no gênero, Tucídides entre os gregos, Catão, o Censor, entre os latinos, Salústio fora buscar justamente a solenidade do primeiro, a gravidade do segundo[71]. Em segundo lugar, pode-se também pensar, retoricamente, no decoro como uma das motivações de Salústio: a uma obra que exalta os valores dos antigos e deplora a decadência dos costumes dos contemporâneos, bem cabe um modo de escrita tal como praticado pelos primeiros.

No nível ortográfico, Salústio emprega as formas antigas em u em lugar das mais recentes, em i, como

---

71. Conforme a formulação de Ernout (1996: 27).

em *maxume* em lugar de *maxime* ["sobretudo"], *lubido* em lugar de *libido* ["desejo"], *lubet* em lugar de *libet* ["apraz"], entre muitos outros termos.

No nível morfológico, a característica mais marcante, embora não única, é o uso da desinência arcaica de terceira pessoa do plural do pretérito perfeito, *-ere*, em lugar de *-erunt*, como *inuasere* em lugar de *inuaserunt* ["tomaram de assalto"].

No nível lexical, temos o emprego de um vocabulário arcaizante e poético em diversas ocasiões, como no caso de *algor* ["frio"] em lugar de *frigus* ["frio"], ou o uso de um termo em seu sentido mais antigo, como no caso de *uenenum*, usado em sentido neutro, "droga", apesar de, na época de Salústio, ter já adquirido o sentido negativo de "droga maléfica", "veneno".

Por fim, no nível sintático, Salústio usa sobretudo a parataxe, ou seja, prefere muitas vezes justapor orações coordenadas a fazer uso de subordinações (ver item 4, abaixo).

A *inconcinnitas* ("assimetria") é uma das características da elocução das obras de Salústio que mais se afasta da preceituação ciceroniana para o gênero historiográfico, que demandava uma cadência regular e uniforme para tal discurso[72]. Assim, por exemplo, em lugar de *alii...alii* ("uns...outros"), Salústio emprega, ainda que de maneira não sistemática (o que tornaria o efeito previsível), *pars...alii* ("parte...outros"), *alii...pars* ("uns...parte") e mesmo *alii...pars...plerique* ("uns...parte...a maioria"). Outras vezes, um advérbio é

---

72. Cic.*de Orat.* 2.64.

contraposto a uma locução adverbial com preposição, como em *Cat.* 42.2, *inconsulte ac ueluti per dementiam* ("irrefletidamente e como que por demência"), ou um substantivo é contraposto a uma oração, como em 9.3, *duabus his artibus, audacia in bello, ubi pax euenerat aequitate, seque remque publicam curabant* ("com estas duas qualidades, a audácia na guerra, quando a paz chegara, a equidade, cuidavam de si e da República").

A concisão salustiana, característica que parece tomar a Tucídides, é um dos traços da escrita da obra do historiador que mais chamou a atenção dos leitores antigos, se podemos julgar pela quantidade de comentários críticos a esse respeito que chegaram até nós. Quintiliano, por exemplo, faz menção à *breuitas Sallustiana* ("concisão salustiana", em 4.2.45 e 10.1.32), a seu *abruptum sermonis genus* ("estilo abrupto de linguagem", em 4.2.45) e, expressão que se tornaria célebre, à *immortalis Sallustiana uelocitas* ("velocidade imortal de Salústio", em 10.1.102); Aulo Gélio denomina nosso autor *subtilissimus breuitatis artifex* ("um artífice da concisão extremamente preciso", em 3.1.6); Sêneca, o Rétor, como já apontado, compara a concisão de Salústio com a de Tucídides, pronunciando-se pela superioridade do primeiro (*Con.* 9.1.13); e Sêneca, o filósofo, enfim, numa epístola em que aborda os erros cometidos por Lúcio Arrúncio, imitador de Salústio (*Ep.* 114.17), emprega, para caracterizar a escrita salustiana, os termos *amputatae sententiae* ("pensamentos entrecortados"), *verba ante expectatum cadentia* ("supressão inesperada de palavras") e *obscura brevitas* ("concisão obscura").

Quatro são os fatores que contribuem para a concisão de Salústio[73]: 1) elipse; 2) assíndeto; 3) uso frequente de infinitivos históricos; e 4) parataxe.

1) Uma célebre passagem em que ocorre a elipse do verbo *esse* ("ser") é a do retrato de Catilina, em *Cat.* 5.3-4:

Corpus patiens inediae, algoris, uigiliae [sc. erat], supra quam cuiquam credibile est. Animus audax, subdolus, uarius, cuius rei lubet simulator ac dissimulator [sc. erat]; alieni adpetens, sui profusus [sc. erat]; ardens in cupiditatibus [sc. erat]; satis eloquentiae, sapientiae parum [sc. erat].

Seu corpo suportava, mais do que se pode crer, a fome, o frio, o sono. Seu ânimo era ousado, astuto, versátil, simulador e dissimulador do que quer que fosse; desejoso do alheio, dissipador do que era seu, ardente nas paixões; grande era sua eloquência, sua sabedoria, parca.

2) Dos muitos exemplos de assíndeto na *Conjuração de Catilina*, o mais extenso e ousado parece ser o que se encontra em *Cat.* 10.1:

Sed ubi labore atque iustitia res publica creuit, reges magni bello domiti, nationes ferae et populi ingentes ui subacti, Carthago, aemula imperi Romani, ab stirpe interiit, cuncta maria terraeque patebant, saeuire fortuna ac miscere omnia coepit.

Porém, quando a República cresceu com o labor e a justiça, grandes reis foram domados pela guerra, gentes feras e povos poderosos foram submetidos à força, Cartago, rival

---

73. Cf. Ramsey (2007: 12), de cuja lista se toma boa parte dos exemplos dados a seguir. O autor pensa, na verdade, em cinco fatores, mas o quarto, o uso de pares diametralmente opostos para evitar enumerações fastidiosas, não nos parece convincente.

do poderio romano, foi aniquilada pela raiz, todos os mares e terras estavam abertos, a fortuna passou a se enfurecer e a pôr tudo em desordem.

3) O uso dos infinitivos históricos, ou seja, verbos no infinitivo assumindo o papel de verbos flexionados, traduzidos sistematicamente, aqui, pelo nosso presente histórico, confere vivacidade a diversas passagens da *Conjuração de Catilina*, como ocorre em *Cat.* 6.4-5:

Igitur reges populique finitumi bello temptare, pauci ex amicis auxilio esse; nam ceteri, metu perculsi, a periculis aberant. At Romani, domi militiaeque intenti festinare, parare, alius alium hortari, hostibus obuiam ire, libertatem, patriam parentesque armis tegere.

Então os reis e os povos vizinhos os põem à prova com a guerra, poucos, dentre os aliados, vêm-lhes em auxílio, pois os demais, abatidos pelo medo, mantinham-se apartados dos perigos. Porém, os romanos, atentos na paz como na guerra, de pronto agem, preparam-se, encorajam-se uns aos outros, avançam contra os inimigos, defendem a liberdade, a pátria e os pais com suas armas.

Por vezes ocorre a alternância entre infinitivo histórico e verbo flexionado dentro de um mesmo período, acrescentando-se, à vivacidade, um efeito de estranheza e assimetria, como em *Cat.* 21.4:

Ad hoc maledictis increpabat omnis bonos; suorum unum-quemque nominans laudare; admonebat alium egestatis, alium cupiditatis suae, complures periculi aut ignominiae, multos uictoriae Sullanae, quibus ea praedae fuerat.

Além disso, atacava a todos os bons cidadãos com impropérios, elogia cada um dos seus chamando-os pelo nome; relembrava, a um, sua falta de recursos, a outro, sua cobiça, a diversos, o perigo ou a ignomínia, a muitos, a vitória de Sula, que lhes propiciara espólios.

4) O uso da parataxe, além de conferir maior concisão à escrita da *Conjuração*, é também traço arcaizante, como já dissemos. Um exemplo dessa estratégia sintática ocorre logo no início da obra, quando encontramos uma oração introduzida por *nam* ("pois") em lugar de uma subordinada relativa:

Igitur initio reges — nam in terris nomen imperi id primum fuit — diuorsi, pars ingenium, alii corpus exercebant.

Então de início os reis — pois tal foi, sobre as terras, o primeiro nome do poder —, opostos, parte exercitava a inteligência, outros, o corpo (*Cat.* 2.1).

A TRADUÇÃO

A presente tradução, baseada na edição crítica estabelecida por Alfred Ernout e revisada por Jacques Annequin Héllegouarc'h para a coleção Les Belles Lettres (1996), procura manter o tom arcaizante do original sobretudo pela escolha do léxico. Daí o uso de termos como "viajores" em lugar de "viajantes", "súplices" em lugar de "suplicantes", "urbe" em lugar de "cidade", "gentes" em lugar de "povos", "labor" em lugar de "trabalho", "gestas" em lugar de "feitos", "sofrer" em lugar de "suportar", entre outros que deixamos ao leitor atento descobrir. Das demais características da elocução salustiana, algumas são vertidas literalmente, dada a possibilidade oferecida pela língua portuguesa de se manter o mesmo efeito, como ocorre no caso do uso dos assíndetos, por exemplo, ou da assimetria. Outras, porém, como os quiasmos e as figuras etimológicas, nem sempre são mantidas na tradução. Optamos, em lugar de uma literalidade que seria servil, pois que não funcional, adotar a chamada compensação tradutória, procurando resgatar o mesmo efeito em outras passagens. Em algumas passagens procuramos imitar, no sentido técnico e antigo do termo, a tradução de Barreto Feio, tradutor do século XVIII. O leitor curioso fará a comparação entre os contextos das passagens que imitam e as imitadas, podendo daí tirar suas conclusões acerca das escolhas feitas.

AGRADECIMENTOS DO TRADUTOR

Agradeço a Marlene Lessa Vergílio Borges pelo apoio, incentivo e, particularmente, pelas incontáveis sugestões de melhorias na tradução; aos meus professores de latim da USP, que me apresentaram Salústio e a *Conjuração de Catilina*; aos meus alunos, que em vários cursos de língua latina criticaram e melhoraram os primeiros esboços da tradução; a Adriano Aprigliano, Marcelo Vieira Fernandes e Breno Battistin Sebastiani pela leitura cuidadosa de uma primeira versão da tradução, há mais de dez anos; a minha família, pelo apoio, suporte e carinho incondicionais; *canibus psittacisque, deliciolis meis*; a meus colegas-amigos/amigos-colegas e, particularmente, a Santo Edi, Saint Lévy, Sainte Hélène e Saint Pierre, salvadores.

E à Adriana, sempre, por tudo.

Adriano Scatolin

BIBLIOGRAFIA

PRIMÁRIA

AGOSTINHO. *A Cidade de Deus. (Contra os pagãos)*. Parte I (Livros I a X). 6ª Ed. Trad. Oscar Paes Leme. Petrópolis: Vozes, 2001.

APPIAN. *Roman History*. Vol. III. English translation by Horace White. London, Cambridge, Massachusetts: Harvard University Press, 2002.

CLARK, A. C.. *M. Tulli Ciceronis Pro T. Annio Milone: Ad Iudices Oratio*. Oxford, Clarendoon Press, 1895. Oxford, 1895.

CICERO.*As Catilinárias, Defesa de Murena, Defesa de Árquias, Defesa de Milão*. 1974. Intr. Trad. notas Sebastião Tavares de Pinho. Lisboa: Verbo, 1974.

CÍCERO. "*Ad. fam. 12*, tradução de Adriano Scatolin", *in Lingua e Literatura*, 27 (2002/2003), São Paulo: Humanitas, 2010.

CICERO.*Letters to Friends*, Vol. II (edited and translated by D. R. SHACKLETON BAILEY). Cambridge/London, Harvard University Press, 2001.

CICERO.*Select Letters* (edited by D. R. SHACKLETON BAILEY). Cambridge, Cambridge University Press, 2000.

CICERONE.*Dell'oratore* (con un saggio de Emanuele Narducci). Milano, Biblioteca Universale Rizzoli, 2006.

DIO CASSIUS. *Dio's Roman History*.Vol. III. With an English Translation by Earnest Cary. Cambridge, Massachussetts: Harvard University Press; London: William Heinemann Ltd, 1984.

DIO CASSIUS. *Dio's Roman History*.Vol. IV. With an English Translation by Earnest Cary. Cambridge, Massachussetts: Harvard University Press; London: William Heinemann Ltd, 1987.

DYCK, A. R.*A Commentary on Cicero*, De Legibus. Ann Arbor, The University of Michigan Press, 2004.

ERNOUT, A.*Salluste — Catilina, Jugurtha, Fragments des Histoires*. Les Belles Lettres, 1996.

LEWIS, R. G.*Asconnius Commentaries on Speeches by Cicero*. Oxford University Press, New York, 2006.

LUCIAN."How to write History". In: Lucian, Vol. VI (with an English translation by K. KILBURN). Cambridge/London, Harvard University Press, 1990, pp. 1-73.

OROSE. *Histoires (Contre les Païens)*. Livres I-III. Texte établi et traduit par Marie-Pierre Arnaud-Lindet. Paris: Les Belles Lettres, 1990.

RAMSEY, J. T.*Sallust's Bellum Catilinae*. 2ª ed., Oxford University Press, Oxford, New York, 2007, p. 2.

VELLEIUS PATERCULUS E FLORUS. *Histoire Romaine*. Texte revu et traduit par P. Hainsselin et H. Watelet. Paris: Librairie Garnier Frères, 1932.

PINHO, S. T.de. (introdução, tradução e notas das *Catilinárias*). Cicero. Vol. 1. Lisboa/São Paulo, Verbo, 1974.

PLINIUS.*Epistularum Libri Decem* (recognouit breuique adnotatione critica instruxit R. A. B. MYNORS). Oxonii, e typographeo Clarendoniano, 1968.

PLINY THE YOUNGER.*The Letters of Pliny the Younger* (translated with an introduction by Betty Radice). London, Penguin Books, s/d.

SALLUST.*Bellum Catilinae* (edited, with introduction and commentary, by J. T. RAMSEY, 2nd edition). Oxford University Press, 2007.

SALLUSTE.*La Conjuration de Catilina*. Texte établi et traduit par Alfred Ernout; introduction et notes par Martine Chassignet. Paris, Les Belles Lettres, 1999.

SALLUSTE.*La Conjuration de Catilina, La Guerre de Jugurtha, Fragment des Histoires*. Texte établi et traduit par Alfred Ernout, revu et corrigé para J. Hellegouarc'h. Paris, Les Belles Lettres, 1996.

SALLUSTIO.*Sallustio em Portuguez* (por J. V. BARRETO FEIO). Paris, Livraria Nacional e Estrangeira, 1825.

SALLUSTIUS.*De Catilinae coniuratione* (a cura di E. MALCOVATI).Torino, Paravia, 1956.

SALUSTIO.*Conjuración de Catilina, Guerra de Jugurta, Fragmentos de las "Historias"*. Madrid, Gredos, 1997.

SALÚSTIO.*A Conjuração de Catilina, A Guerra de Jugurta* (tradução de Antônio da Silveira Mendonça). Petrópolis, Vozes, 1990.

SÊNECA.*Cartas a Lucílio* (tradução, prefácio e notas de J. A. SEGURADO E CAMPOS). Lisboa, Fundação Calouste Gulbenkian, 1991.

SÉNECA, EL VIEJO. *Controversias* (libros VI-X) - *Suasorias.* Trad. y notas de Ignacio Javier A. Lajara, Esther Artigas Alvarez y Alejandra de Riquer Permanyer. Madrid: Editorial Gredos, 2005.

SUETONIUS. *The lives of the Caesars (continued), The lives of illustrious men.* Vol. II, English translation by J. C. Rolfe. Cambridge, Massachusetts: Harvard University Press; London: William Heinemann, Ltd, 1979.

QUINTILIAN. *Institutio Oratoria of Quintilian.* Vol. I (Books I, II, III). Translation H. E. Butler. Cambridge, Massachusetts, London, 1989.

_____*The Orator's Education.* Books 3-5. Edited and translated by Donald A. Russell. Cambridge, Massachusetts, London: Harvard University press, 2001.

_____*The Orator's Education.* Books 6-8. Edited and Translated by Donald A. Russel. Cambridge, Massachusetts, London: Harvard University press, 2001.

_____*The Orator's Education.* Books 9-10. Edited and Translated by Donald A. Russel. Cambridge, Massachusetts, London: Harvard University press, 2001.

QUINTILIANO.*La Formazione dell'Oratore*, Volume Terzo, libri IX-XII (traduzione e note di C. M. CALCANTE. Milano, Biblioteca Universale Rizzoli, 1997.

TACITE. *Annales* Livres 1-III. Texte établi et traduit par Henri Goelzer. Paris: Les Belles Lettres, 1953.

SECUNDÁRIA

AMBRÓSIO, R.*De rationibus exordiendi: os princípios da história em Roma.* São Paulo, Humanitas, 2005.

BAKER, R. J."Sallustian Silence". *Latomus*, T. 41, Fasc. 42, 1982, pp. 801–802.

CHASSIGNET, M."Introduction" *in Salluste, La Conjuration de Catilina*. Paris: Les Belles Lettres, 1999.

CHIAPPETTA, A."Não Diferem o Historiador e o Poeta ... Texto Histórico como Instrumento e Objeto de Trabalho". *Língua e Literatura*, 22, 1996, pp. 15-34.

EARL, D."Prologue-Form in Ancient Historiography". In: *Aufstieg und Niedergang der Römischen Welt – Von den Anfängen Roms bis zum Ausgang der Republik*, v. 2. Berlin / New York, Walter de Gruyter, 1972, pp. 842- 856.

FRIER, B.*Libri Annales Pontificum Maximorum – The Origins of the Annalistic Tradition*. The University of Michigan Press, 1999-2002.

KRAUS, C. S. & WOODMAN, A. J."Sallust". In: *Greece & Rome*, New Surveys in the Classics No. 27, Latin Historians. Oxford, Oxford University Press, 1997.

KRISTELLER, P. O. & BROWN, V. (ORG.)*Catalogus Translationum et Commentariorum: Mediaeval and Renaissance Latin Translations and Commentaries : Annotated Lists and Guides*. Washington: CUA Press, 2003, 188.

GOODYEAR, F. D. R. "Sallust". In: *The Cambridge History of Classical Literature*, Vol. II, Part 2 – The Late Republic (edited by E. J. KENNEY). Cambridge, Cambridge University Press, pp. 94-106.

GRETHLEIN, J."Nam quid ea memorem: The Dialectical Relation of Res Gestae and memoria rerum gestarum in Sallust's Bellum Iugurthinum. In: *Classical Quarterly*, 56, 2006, pp. 135-148.

HARTOG, F.(org.). *A História de Homero a Santo Agostinho*. Belo Horizonte, Editora UFMG, 2001.

LEEMAN, A. D.,"Sallusts Prologe und seine Auffassung von der Historiographie. I. Das Catilina-proömium". *Mnemosyne*, Fourth Series, Vol. 7, Fasc. 4 (1954), pp. 323-339.

LEEMAN, A. D., "Review of *Sallust* by Ronald Syme", *Gnomon*, 39. Bd., H. (mar. 1967), pp. 57-61.

MARINCOLA, J.*Authority and Tradition in Ancient Historiography*. Cambridge, Cambridge University Press, 1999.

MACGUSHIN, P.*C. Sallustius Crispus. Bellum Catilinae: A Commentary.* Lugduni Batavorum, E. J. Brill, 1977.

MACKAY, L. A."Sallust's *Catiline*: Date and Purpose". *Phoenix*, Vol. 16, No. 3 (Autumn, 1962), pp. 181-194.

OSMOND, P. J. & ULERY, R. W."Sallustius Fortuna", *in, Catalogus Translationum et Commentariorum: Mediaeval and Renaissance Latin Translations and Commentaries: Annotated Lists and Guides.* Washington: CUA Press, 2003.

RENEHAN, R."A Traditional Pattern of Imitation in Sallust and His Sources". In: *Classical Philology*, Vol. 71, 1976, pp. 97-105.

SEBASTIANI, B. B."A política como objeto de estudo: Tito Lívio e o pensamento historiográfico romano do século I. a. C." in *História e retórica: ensaios sobre historiografia antiga.* JOLY, Fabio D. (org.). São Paulo: Alameda, 2007, p. 79.

SYME, R.*Sallust.* London: University Of California Press, 1964.

VASCONCELLOS, P. S. DE. *Efeitos intertextuais na Eneida de Virgílio.* São Paulo, Humanitas, 2001.

USHER, S.*The historians of Greece and Rome.* University of Oklahoma Press, Norman/ Bristol Classsical Press (1969) 1985.

VRETSKA, K.*Sallust. De Catilinae coniuratione.* Heidelberg, Carl Winter, 1976.

WOODMAN, A. J."A Note on Sallust, Catilina 1.1". In: *The Classical Quarterly*, New Series, Vol. 23, No. 2, 1973, p. 310.
————————- *Rhetoric in Classical Historiography.* Routledge, London/New York: 1988.

COLEÇÃO HEDRA

1. *Iracema*, Alencar
2. *Don Juan*, Molière
3. *Contos indianos*, Mallarmé
4. *Auto da barca do Inferno*, Gil Vicente
5. *Poemas completos de Alberto Caeiro*, Pessoa
6. *Triunfos*, Petrarca
7. *A cidade e as serras*, Eça
8. *O retrato de Dorian Gray*, Wilde
9. *A história trágica do Doutor Fausto*, Marlowe
10. *Os sofrimentos do jovem Werther*, Goethe
11. *Dos novos sistemas na arte*, Maliévitch
12. *Mensagem*, Pessoa
13. *Metamorfoses*, Ovídio
14. *Micromegas e outros contos*, Voltaire
15. *O sobrinho de Rameau*, Diderot
16. *Carta sobre a tolerância*, Locke
17. *Discursos ímpios*, Sade
18. *O príncipe*, Maquiavel
19. *Dao De Jing*, Lao Zi
20. *O fim do ciúme e outros contos*, Proust
21. *Pequenos poemas em prosa*, Baudelaire
22. *Fé e saber*, Hegel
23. *Joana d'Arc*, Michelet
24. *Livro dos mandamentos: 248 preceitos positivos*, Maimônides
25. *O indivíduo, a sociedade e o Estado, e outros ensaios*, Emma Goldman
26. *Eu acuso!*, Zola | *O processo do capitão Dreyfus*, Rui Barbosa
27. *Apologia de Galileu*, Campanella
28. *Sobre verdade e mentira*, Nietzsche
29. *O princípio anarquista e outros ensaios*, Kropotkin
30. *Os sovietes traídos pelos bolcheviques*, Rocker
31. *Poemas*, Byron
32. *Sonetos*, Shakespeare
33. *A vida é sonho*, Calderón
34. *Escritos revolucionários*, Malatesta
35. *Sagas*, Strindberg
36. *O mundo ou tratado da luz*, Descartes
37. *O Ateneu*, Raul Pompeia
38. *Fábula de Polifemo e Galateia e outros poemas*, Góngora
39. *A vênus das peles*, Sacher-Masoch
40. *Escritos sobre arte*, Baudelaire
41. *Cântico dos cânticos*, [Salomão]
42. *Americanismo e fordismo*, Gramsci
43. *O princípio do Estado e outros ensaios*, Bakunin
44. *O gato preto e outros contos*, Poe
45. *História da província Santa Cruz*, Gandavo
46. *Balada dos enforcados e outros poemas*, Villon
47. *Sátiras, fábulas, aforismos e profecias*, Da Vinci
48. *O cego e outros contos*, D.H. Lawrence

49. *Rashômon e outros contos*, Akutagawa
50. *História da anarquia (vol. 1)*, Max Nettlau
51. *Imitação de Cristo*, Tomás de Kempis
52. *O casamento do Céu e do Inferno*, Blake
53. *Cartas a favor da escravidão*, Alencar
54. *Utopia Brasil*, Darcy Ribeiro
55. *Flossie, a Vênus de quinze anos*, [Swinburne]
56. *Teleny, ou o reverso da medalha*, [Wilde et al.]
57. *A filosofia na era trágica dos gregos*, Nietzsche
58. *No coração das trevas*, Conrad
59. *Viagem sentimental*, Sterne
60. *Arcana Cœlestia e Apocalipsis revelata*, Swedenborg
61. *Saga dos Volsungos*, Anônimo do séc. XIII
62. *Um anarquista e outros contos*, Conrad
63. *A monadologia e outros textos*, Leibniz
64. *Cultura estética e liberdade*, Schiller
65. *A pele do lobo e outras peças*, Artur Azevedo
66. *Poesia basca: das origens à Guerra Civil*
67. *Poesia catalã: das origens à Guerra Civil*
68. *Poesia espanhola: das origens à Guerra Civil*
69. *Poesia galega: das origens à Guerra Civil*
70. *O chamado de Cthulhu e outros contos*, H.P. Lovecraft
71. *O pequeno Zacarias, chamado Cinábrio*, E.T.A. Hoffmann
72. *Tratados da terra e gente do Brasil*, Fernão Cardim
73. *Entre camponeses*, Malatesta
74. *O Rabi de Bacherach*, Heine
75. *Bom Crioulo*, Adolfo Caminha
76. *Um gato indiscreto e outros contos*, Saki
77. *Viagem em volta do meu quarto*, Xavier de Maistre
78. *Hawthorne e seus musgos*, Melville
79. *A metamorfose*, Kafka
80. *Ode ao Vento Oeste e outros poemas*, Shelley
81. *Oração aos moços*, Rui Barbosa
82. *Feitiço de amor e outros contos*, Ludwig Tieck
83. *O corno de si próprio e outros contos*, Sade
84. *Investigação sobre o entendimento humano*, Hume
85. *Sobre os sonhos e outros diálogos*, Borges | Osvaldo Ferrari
86. *Sobre a filosofia e outros diálogos*, Borges | Osvaldo Ferrari
87. *Sobre a amizade e outros diálogos*, Borges | Osvaldo Ferrari
88. *A voz dos botequins e outros poemas*, Verlaine
89. *Gente de Hemsö*, Strindberg
90. *Senhorita Júlia e outras peças*, Strindberg
91. *Correspondência*, Goethe | Schiller
92. *Índice das coisas mais notáveis*, Vieira
93. *Tratado descritivo do Brasil em 1587*, Gabriel Soares de Sousa
94. *Poemas da cabana montanhesa*, Saigyō
95. *Autobiografia de uma pulga*, [Stanislas de Rhodes]
96. *A volta do parafuso*, Henry James
97. *Ode sobre a melancolia e outros poemas*, Keats
98. *Teatro de êxtase*, Pessoa

99. *Carmilla — A vampira de Karnstein*, Sheridan Le Fanu
100. *Pensamento político de Maquiavel*, Fichte
101. *Inferno*, Strindberg
102. *Contos clássicos de vampiro*, Byron, Stoker e outros
103. *O primeiro Hamlet*, Shakespeare
104. *Noites egípcias e outros contos*, Púchkin
105. *A carteira de meu tio*, Macedo
106. *O desertor*, Silva Alvarenga
107. *Jerusalém*, Blake
108. *As bacantes*, Eurípides
109. *Emília Galotti*, Lessing
110. *Contos húngaros*, Kosztolányi, Karinthy, Csáth e Krúdy
111. *A sombra de Innsmouth*, H.P. Lovecraft
112. *Viagem aos Estados Unidos*, Tocqueville
113. *Émile e Sophie ou os solitários*, Rousseau
114. *Manifesto comunista*, Marx e Engels
115. *A fábrica de robôs*, Karel Tchápek
116. *Sobre a filosofia e seu método — Parerga e paralipomena (v. II, t. I)*, Schopenhauer
117. *O novo Epicuro: as delícias do sexo*, Edward Sellon
118. *Revolução e liberdade: cartas de 1845 a 1875*, Bakunin
119. *Sobre a liberdade*, Mill
120. *A velha Izerguil e outros contos*, Górki
121. *Pequeno-burgueses*, Górki
122. *Um sussurro nas trevas*, H.P. Lovecraft
123. *Primeiro livro dos Amores*, Ovídio
124. *Educação e sociologia*, Durkheim
125. *Elixir do pajé — poemas de humor, sátira e escatologia*, Bernardo Guimarães
126. *A nostálgica e outros contos*, Papadiamántis
127. *Lisístrata*, Aristófanes
128. *A cruzada das crianças/ Vidas imaginárias*, Marcel Schwob
129. *O livro de Monelle*, Marcel Schwob
130. *A última folha e outros contos*, O. Henry
131. *Romanceiro cigano*, Lorca
132. *Sobre o riso e a loucura*, [Hipócrates]
133. *Hino a Afrodite e outros poemas*, Safo de Lesbos
134. *Anarquia pela educação*, Élisée Reclus
135. *Ernestine ou o nascimento do amor*, Stendhal
136. *A cor que caiu do espaço*, H.P. Lovecraft
137. *Odisseia*, Homero
138. *O estranho caso do Dr. Jekyll e Mr. Hyde*, Stevenson
139. *História da anarquia (vol. 2)*, Max Nettlau
140. *Eu*, Augusto dos Anjos
141. *Farsa de Inês Pereira*, Gil Vicente
142. *Sobre a ética — Parerga e paralipomena (v. II, t. II)*, Schopenhauer
143. *Contos de amor, de loucura e de morte*, Horacio Quiroga
144. *Memórias do subsolo*, Dostoiévski
145. *A arte da guerra*, Maquiavel

146. *O cortiço*, Aluísio Azevedo
147. *Elogio da loucura*, Erasmo de Rotterdam
148. *Oliver Twist*, Dickens
149. *O ladrão honesto e outros contos*, Dostoiévski
150. *O que eu vi, o que nós veremos*, Santos-Dumont
151. *Sobre a utilidade e a desvantagem da história para a vida*, Nietzsche
152. *A conjuração de Catilina*, Salústio

«SÉRIE LARGEPOST»

1. *Dao De Jing*, Lao Zi
2. *Cadernos: Esperança do mundo*, Albert Camus
3. *Cadernos: A desmedida na medida*, Albert Camus
4. *Cadernos: A guerra começou...*, Albert Camus
5. *Escritos sobre literatura*, Sigmund Freud
6. *O destino do erudito*, Fichte
7. *Diários de Adão e Eva*, Mark Twain
8. *Diário de um escritor (1873)*, Dostoiévski

«SÉRIE SEXO»

1. *A vênus das peles*, Sacher-Masoch
2. *O outro lado da moeda*, Oscar Wilde
3. *Poesia Vaginal*, Glauco Mattoso
4. *Perversão: a forma erótica do ódio*, Stoller
5. *A vênus de quinze anos*, [Swinburne]

COLEÇÃO «QUE HORAS SÃO?»

1. *Lulismo, carisma pop e cultura anticrítica*, Tales Ab'Sáber
2. *Crédito à morte*, Anselm Jappe
3. *Universidade, cidade e cidadania*, Franklin Leopoldo e Silva
4. *O quarto poder: uma outra história*, Paulo Henrique Amorim
5. *Dilma Rousseff e o ódio político*, Tales Ab'Sáber
6. *Descobrindo o Islã no Brasil*, Karla Lima

Adverte-se aos curiosos que se imprimiu este livro em nossas
oficinas, em 5 de abril de 2018, em tipologia Libertine, com diversos
sofwares livres, entre eles, LuaLᴬTEX, git & ruby.
(v. 37ea5bf)